个人隐私数据保护机制研究

冯斌 冯玲 著

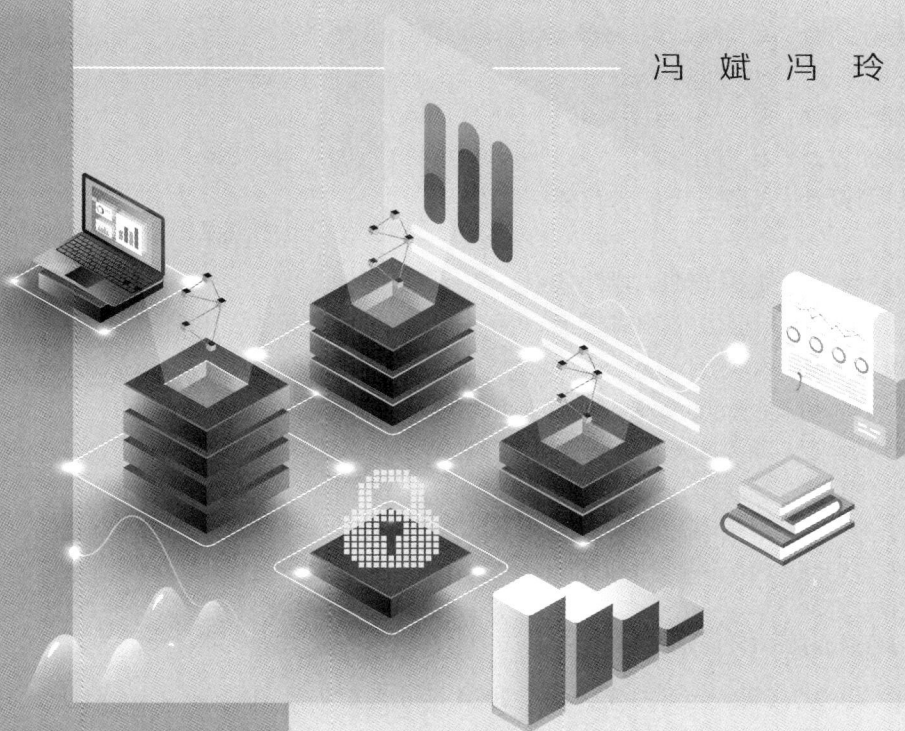

中国石油大学出版社
CHINA UNIVERSITY OF PETROLEUM PRESS

山东·青岛

图书在版编目(CIP)数据

个人隐私数据保护机制研究 / 冯斌,冯玲著.
青岛:中国石油大学出版社,2024.6. -- ISBN 978-7
-5636-4361-5

I. D912.704
中国国家版本馆 CIP 数据核字第 20242573MB 号

书　　名:个人隐私数据保护机制研究
　　　　　GEREN YINSI SHUJU BAOHU JIZHI YANJIU
著　　者:冯　斌　冯　玲

责任编辑:魏　瑾(电话　0532-86983564)
责任校对:刘　洋(电话　0532-86983583)
封面设计:青岛友一广告传媒有限公司

出　版　者:中国石油大学出版社
　　　　　　(地址:山东省青岛市黄岛区长江西路 66 号　邮编:266580)
网　　址:http://cbs.upc.edu.cn
电子邮箱:jichujiaoyu0532@163.com
排　版　者:青岛友一广告传媒有限公司
印　刷　者:泰安市成辉印刷有限公司
发　行　者:中国石油大学出版社(电话　0532-86983437)
开　　本:710 mm × 1 000 mm　1/16
印　　张:7
字　　数:119 千字
版　印　次:2024 年 6 月第 1 版　2024 年 6 月第 1 次印刷
书　　号:ISBN 978-7-5636-4361-5
定　　价:42.80 元

前言

　　当前，数字化和信息技术快速发展，个人隐私数据保护这一议题受到全球的关注。随着移动互联网、社交媒体、电子商务和物联网的普及，个人数据的收集、存储与分析为用户提供了更加便捷的服务，但同时也引发了严重的隐私泄露风险。个人隐私信息被滥用，用户会面临身份盗用、财产损失甚至人身安全方面的威胁。这种现象不仅关系到个人权益，而且影响社会的稳定与国家的安全。如何在数据共享与个人隐私保护之间取得平衡，已经成为网络空间治理的热点课题。

　　智能设备应用在社会中无处不在，从社交平台到智能家居，再到金融支付，个人数据渗透了人们的日常生活。大数据技术和人工智能的发展，使企业能够基于用户的历史行为进行个性化推荐，但随之而来的隐私泄露风险也不容忽视。个人隐私数据泄露的事件频发，不仅给个人造成经济和心理上的损害，而且动摇了公众对数字化服务的信任。这迫使政府和企业还有社会各界积极探索有效的个人隐私保护机制来应对日益复杂的网络环境和数据挑战。

　　本书从技术和管理两个方面系统探讨了个人隐私数据的保护机制。在技术层面，着重分析数据加密、数据脱敏、差分隐私等方法的应用与实践。在管理层面，则关注企业和政府的政策制度、数据治理框架以及人员管理的优化。此外，本书结合案例分析和多学科交叉的研究方法，深入探讨了当前个人隐私保护的挑战，并提出了相应的应对策略。

　　本书共分为七章。第一章为引言，介绍了研究背景、研究现状及意义，并说明了研究方法与章节结构。第二章重点探讨个人隐私数据保护的基本理论，包括相关的法律法规和保护原则。第三章详细分析了数据加密、脱敏等核心技术机制。第四章阐述了企业和政府如何通过制度建设与风险管理完善数据保护机制。第五章展示了个人隐私数据保护在企业、政府及社会中的实际应用案例。第六章分析了未来数据保护面临的挑战，并提出了创新发展方向与未来展望。最后，第七章对研究成果进行了总结，并提出了进一步研究的建议。

　　本书结合当前国内外的发展趋势，系统性地提出了个人隐私数据保护的全链条机制，兼顾了技术创新和政策法规的完善。与已有研究相比，本书不仅分析了现有的技术手段，还从管理机制和跨领域合作的角度提出了优化建议，为未来的隐私保护实践提供了新的思路。

　　本著作为山东省社科规划项目研究成果（项目批准号：20CGLJ34）。

作　者
2024 年 3 月

目 录

第一章

引　言

　　"没有网络安全，就没有国家安全"，网络安全已上升为国家战略。移动社交、信息搜索、电子商务、手机 App 等在网络上产生的大量用户数据每年以50％的增长率持续增长，2025 年全球数据量将达 163 ZB。海量大数据的分析与处理可以帮助人们快速认识世界，为人们在生产生活中所需的服务提供便利。这些数据被金融公司或互联网公司掌握，可能会因技术缺陷、管理不善、黑客入侵等导致个人数据的泄露。通过对这些个人数据进行累积、关联及聚集分析，即可获得用户的个人隐私数据，因此个人隐私数据存在泄露的风险。个人隐私数据的泄露导致各类信息安全事件层出不穷，严重威胁着个人财产及生命安全、社会安全和国家安全。如何保护个人隐私数据，防止不法分子窃取隐私信息，建立个人隐私数据保护机制，防止个人的财产甚至生命安全受到威胁，是当前网络空间安全环境治理的热点话题。

1.1　个人隐私数据保护的研究背景与意义

　　随着信息技术的飞速发展，个人隐私数据已经渗透到生活的各个领域，从微信、QQ、微博等社交媒体上的动态分享，到淘宝、京东等电商平台上的购物记录，再到智能家电、智能手表等智能设备收集的日常行为习惯，个人隐私数据无处不在。这些数据的收集与分析为用户带来了个性化的服务与体验，但同时也带来了隐私泄露的风险。

1

1.1.1　社交媒体泄露个人隐私数据

（1）原　因

社交媒体已经成为现代人生活中不可或缺的一部分。用户在分享生活点滴与交流工作学习时都会留下大量的个人信息与动态。虽然，这些动态分享带来了便利与互动，但是也增加了个人隐私泄露的风险。越来越多的机构、企业与陌生人开始关注个人在社交媒体上的活动，并且一些不法分子利用社交媒体的漏洞与用户的疏忽对个人信息进行窃取、滥用，给用户的隐私安全带来了严重威胁。近年来，泄露个人隐私数据的事件频发，不仅给个人带来了经济上的损失与心理上的伤害，而且引起了社会对于个人隐私数据保护的广泛关注。此外，社交媒体大都使用基于用户的个人信息与动态分享进行个性化推荐的算法，这虽然能够为用户提供更为精准的内容，但是也使用户的隐私更容易被泄露与利用。

（2）研究意义

在社交媒体上发布个人信息与动态涉及用户的知情权与隐私权。对于社交媒体平台来说，合理、合法地收集、使用与保护用户信息是极其重要的，必须遵守法律与伦理原则。研究社交媒体的隐私泄露问题，有助于推动相关法律法规的完善，进而保护用户的合法权益。

社交媒体平台需要加强对数据的安全保护，提高数据加密、匿名化处理与访问权限控制等方面的技术能力。同时，用户也需要提高个人信息保护意识，避免在社交媒体上过度分享个人信息。研究社交媒体的隐私泄露问题，有助于推动相关技术的创新与发展，提高个人信息的安全性。

社交媒体的隐私泄露问题不仅会影响个人的安全，而且会影响整个社会的稳定与经济的发展。研究社交媒体的隐私泄露问题，有助于推动社交媒体行业的健康发展，提高用户的信任度与满意度，促进社会与经济的繁荣与发展。

在社交媒体上的动态分享虽然为用户带来了便利与互动，但也存在着隐私泄露的风险。对于社交媒体平台、用户以及整个社会来说，如何平衡个人隐私保护与信息分享之间的关系，是一个亟待解决的重要课题。通过深入研究这一课题，我们可以推动相关法律法规的完善、技术的创新与发展以及社会的稳定与经济的发展。

1.1.2 电商平台泄露个人隐私数据

随着互联网的普及与电子商务的蓬勃发展,电商平台已成为人们日常生活中不可或缺的一部分。然而,随着电商平台规模的扩大与用户数据的不断积累,个人隐私泄露问题也日益凸显。

（1）原 因

电商平台通常会收集大量的用户信息数据,这些数据包括用户的姓名、联系电话、地址、电子邮件、购买记录和支付信息等,目的是给用户提供个性化的购物体验与推荐服务。这些数据被集中存储与处理,大大增加了隐私泄露的风险,如果这些数据没有得到妥善的保护,就可能对个人隐私保护构成巨大的威胁,进而导致严重的后果。若这些数据被不法分子获取或滥用,就会对用户的人身安全与财产安全造成严重威胁。

随着信息技术的快速发展,电商平台不断引入人工智能与大数据等新技术,并通过更深入地挖掘用户数据提升用户体验与服务质量。这些新技术可以让用户享受便捷的服务,同时也会使用户受到隐私泄露的威胁。

电商平台泄露个人隐私数据的原因还有很多,例如:电商平台可能存在技术上的漏洞或安全缺陷,使黑客或恶意用户能够入侵系统并获取用户的个人信息;电商平台的工作人员可能会利用职务之便非法获取或泄露用户的个人信息,将信息出售给第三方或者用于其他非法目的;电商平台还可能将用户的个人信息提供给物流公司与支付平台等第三方服务供应商,如果这些第三方服务供应商存在安全漏洞或滥用信息的现象,也会导致用户的个人隐私数据泄露。

（2）研究意义

研究电商平台泄露个人隐私数据的问题有助于推动电商平台加强个人隐私保护措施的实施,从而保障用户的合法权益,这有助于维护用户的个人尊严,促进社会的公平正义。

研究电商平台泄露个人隐私数据的问题可以推动相关技术的创新与发展(例如研究更加高效的数据加密技术与数据脱敏技术等),提高电商平台的数据安全性与隐私保护能力,有助于提升整个信息安全领域的技术水平,促进信息产业的健康发展。

对电商平台泄露个人隐私数据问题的研究可以为政府制定与完善相关法律法规提供理论支持与实证依据。通过对实际案例的分析与研究,可以为政府制定更加合理、有效的法规政策提供参考,推动电商平台隐私保护工作的规范化与法治化。

电商平台是连接消费者与商家的桥梁,它是否具有较高的可信任度对于电子商务能否健康发展至关重要。研究电商平台泄露个人隐私数据的问题并采取相应的措施加以解决,有助于增强公众对电商平台的信任度,促进电子商务的健康发展。

研究电商平台泄露个人隐私数据这一问题具有深远的意义,它不仅关系到用户的个人权益与社会的公平正义,而且涉及技术创新、法规完善与社会信任等多个方面。因此,我们应该加强对电商平台泄露个人隐私数据问题的研究,为电子商务的可持续发展提供有力支撑。

1.1.3 智能家居泄露个人隐私数据

随着科技的不断发展,智能家居作为一种新型的居住方式,逐渐走进人们的日常生活。智能家居系统通过集成先进的计算机技术、网络技术与物联网技术,使得家电、照明、安防等设备能够互联互通,实现智能化管理与控制。用户可以通过手机、平板电脑等终端设备实现对家中各种设备的远程控制,如远程开启空调、查看家庭监控、控制智能门锁等。然而,随着智能家居的普及,其带来的个人隐私数据泄露问题也日益引起人们的关注。

（1）原　因

在智能家居系统中,用户的个人信息、行为习惯、生活习惯等敏感数据被不断收集、存储与传输,这些数据如果被不法分子获取并滥用,将对用户的个人隐私数据安全构成严重威胁。智能家居系统的网络安全防护措施往往不够完善,系统容易遭受黑客攻击或计算机病毒感染,从而导致个人隐私数据泄露,而且智能家居系统与云服务的结合也增加了数据泄露的风险。

智能家居泄露个人隐私数据的原因主要有以下几个方面。

① 设备数据的收集:智能家居设备在联网使用过程中会产生大量的用户数据,这些数据包括语音指令、行为习惯与生活习惯等。在传输与存储过程中,

如果对数据的保护不到位,这些数据就可能被厂商或第三方机构收集并滥用,最终导致个人隐私数据泄露。

② 持续监听与窃密风险:具有语音识别功能的智能音箱或摄像头等智能家居设备,可能存在未经用户明确许可就持续监听周围环境并记录相关内容的情况。这种情况侵犯了用户的言论自由权与个人隐私,这些内容还可能被不法分子利用,对用户的安全构成威胁。

③ 数据传输漏洞:智能家居设备需要通过网络传输数据与其他设备通信或者进行相关操作。这些数据在传输过程中可能会存在加密措施不足与协议缺陷等安全漏洞,黑客有机会利用这些漏洞入侵用户系统,然后窃取个人信息或对家居设备进行非法控制。

对智能家居设备的控制存在权限滥用或未经允许就收集用户个人信息的问题,这可能导致用户的隐私数据被未经授权的第三方获取,进一步加大了隐私泄露的风险。同时,在当前市场上,不少智能家居设备是由相同厂商代工生产的,同质化情况较为严重,这种情况可能使设备无法具有较高的安全性,增加了隐私泄露的风险。为了保护个人隐私数据安全,我们需要重视并采取有效的措施加强智能家居设备的安全防护与隐私保护。

(2)研究意义

通过研究智能家居泄露个人隐私数据的问题,可以深入了解智能家居系统的工作原理与数据传输机制以及安全防护措施,有助于构建更加完善的智能家居隐私保护理论体系,为未来的智能家居设计与研发提供理论支撑。

智能家居泄露个人隐私数据的研究可以为用户提供更加安全的智能家居使用建议,还可以为智能家居厂商提供提高产品安全性能的指导,帮助厂商设计出更加安全、可靠的智能家居产品。研究这一问题还有助于政府部门制定更加合理、有效的智能家居隐私保护政策与法规,为规范智能家居市场提供有力的保障。

随着智能家居的普及,个人隐私数据泄露问题已经成为一个不可忽视的社会问题。研究智能家居泄露个人隐私数据的问题可以提高公众对个人隐私数据保护的重视程度,推动社会各界共同参与智能家居隐私保护工作,有助于构建一个更加安全、和谐、美好的智能家居生活环境。

研究智能家居泄露个人隐私数据的问题具有重要的理论价值与实践意义,有助于保护用户的个人隐私数据安全,推动智能家居产业的健康发展,为社会的和谐稳定做出积极贡献。

1.1.4 智能穿戴设备泄露个人隐私数据

智能穿戴设备是一种便携式设备,可以直接穿戴在身上或是整合到用户的衣服与配饰中。这些设备通常具备时间显示、健康追踪、运动监测与通知提醒等功能,能够与智能手机等设备进行数据同步与交互。智能穿戴设备可以分为多种类型,包括智能手表、智能眼镜、智能耳机与智能服装等,这些设备内置了各种传感器与智能技术,能够收集用户的个人信息,如心率、步数、睡眠质量、运动轨迹等,并通过数据分析与处理,为用户提供相应的数据报告与提醒功能。除了健康与运动监测功能外,智能穿戴设备还具备语音识别、智能家居控制、音乐播放与拍照等功能。

(1)原　因

智能穿戴设备存在泄露个人隐私数据的风险。这些设备能够收集用户的各种信息,如健康状况、生活方式、行动轨迹与生活习惯等详细的个人信息,这些信息可能会被不法分子利用,导致隐私泄露。

智能眼镜可以通过拍摄并上传视线中的人或物来获取详细的个人信息,如果配合面部识别等软件一起使用,智能眼镜甚至可以实时访问社交媒体的资料库,获取视线中人物的姓名与联系方式等敏感信息。另外,智能服装也可以远程监控穿戴者的身体特征,记录穿戴者的健康指数、身份特征、生活偏好、行为习惯等数据。这些数据在传输过程中,如果没有经过充分的加密,没有采取可靠的安全措施,容易被黑客拦截与利用。

智能穿戴设备导致个人隐私数据泄露的原因主要有以下几个方面:

① 数据传输风险:智能穿戴设备与手机或其他设备连接时,可能需要通过蓝牙、Wi-Fi 或其他无线协议传输数据,在传输过程中敏感数据可能会被恶意攻击者窃取并利用。研究人员曾发现智能手表在与安卓手机传输数据时存在安全漏洞,攻击者可以通过暴力攻击的方式破解通信密码,从而拦截用户的私密数据。

② 软件漏洞:智能穿戴设备的操作系统与应用软件可能存在安全漏洞,

这些漏洞可能会被黑客用来获取非法访问权限,从而窃取用户数据。一些恶意软件或应用程序也可能在用户不知情的情况下收集、滥用或泄露个人隐私数据。

③ 用户授权不当:用户在设置智能穿戴设备时,可能未仔细阅读说明书,没有理解相关权限的设置,导致授权不当。某些应用程序可能通过请求过多的权限获取用户的敏感信息。

④ 第三方服务提供商:智能穿戴设备可能将用户的个人数据存储在第三方服务提供商的服务器上,这些服务器可能面临安全威胁,导致用户数据被泄露,而且第三方服务提供商也可能滥用或不当披露用户数据。

（2）**研究意义**

第一,保护个人信息安全。智能穿戴设备如智能手表与健康监测设备等,通常需要收集心率、步数、睡眠情况等用户的个人信息,这些信息如果被不当收集、使用或泄露,可能会对用户的个人隐私造成威胁。因此,研究智能穿戴设备泄露个人隐私数据的问题,有助于保护用户个人信息安全,防止信息被滥用或泄露。

第二,促进智能穿戴设备健康发展。智能穿戴设备作为新兴科技产品,其市场前景非常广阔,但如果用户的个人隐私得不到有效的保护,可能会导致用户对智能穿戴设备的信任度下降,从而影响智能穿戴设备的市场推广与普及。因此,研究智能穿戴设备泄露个人隐私数据的问题,有助于促进智能穿戴设备的健康发展,提高用户信任度与市场接受度。

第三,推动相关法律法规的完善。有关智能穿戴设备中个人隐私数据保护的法律法规尚不完善,这给用户隐私保护带来了挑战。研究智能穿戴设备泄露个人隐私数据的问题,有助于推动相关法律法规的完善,为智能穿戴设备的合规发展提供法律保障。

第四,提升社会整体隐私保护意识。对智能穿戴设备泄露个人隐私数据问题的研究,有助于提升社会整体的隐私保护意识。随着智能穿戴设备的普及与应用,个人隐私数据保护逐渐成为公众关注的焦点,研究并推广与智能穿戴设备相关的保护个人隐私数据的技术,可以增强公众对个人隐私数据保护的认识与重视,推动整个社会形成保护个人隐私数据的良好氛围。

1.2 个人隐私数据保护的研究现状与趋势

1.2.1 个人隐私数据保护的研究现状

在数字信息时代,个人隐私数据保护已经成为国际社会与公众普遍关注的问题。随着大数据、云计算和人工智能等尖端技术的蓬勃发展,个人隐私数据的收集、处理、传输与使用变得日益普遍与复杂。因此,探究个人隐私数据保护在国内外的研究现状,对于保护个人权益、促进数据产业发展、维护国家安全具有重要意义。

下面从立法保护、技术手段、企业责任、用户意识、教育培训、监督管理等方面展开讨论。

(1)立法保护情况

近年来,我国不断加强个人隐私数据保护的立法工作,颁布了《中华人民共和国网络安全法》和《中华人民共和国个人信息保护法》(以下简称《个人信息保护法》)等,为个人隐私数据提供了更为明确的保护框架。2021 年,我国正式实施了《个人信息保护法》,该法规定了个人信息的收集、使用、处理、保护等全过程的要求,并明确了违法行为的法律责任。此外,我国还建立了数据安全与个人信息保护审查制度,加强了对跨境数据流动的监管。

欧盟在保护个人隐私数据方面处于全球领先的地位,其代表性法规为《通用数据保护条例》(GDPR)。GDPR 要求企业在处理个人数据时必须获得数据主体明确的同意,并对违反规定的企业处以高额罚款,它还赋予了数据主体更多的权利,如数据访问权、更正权与删除权等。美国在个人隐私数据保护方面采取的是分散立法模式,没有统一的联邦数据保护法。但近年来,随着技术的发展与公众对数据隐私的日益关注,美国也在不断加强个人隐私保护立法,加州通过了《加州消费者隐私法案》(CCPA),要求企业向消费者披露其收集的个人信息,并赋予消费者一定的隐私权利。韩国在个人隐私数据保护方面也有一定的立法成果,其代表性法律法规为《个人信息保护法》,该法规定了个人信息的收集、使用与处理等方面的要求,并设立了个人信息保护委员会,负责监管与执法。韩国还加强了对互联网企业的监管,要求企业加强用户数据的安全管理与保护。日本在个人隐私数据保护方面制定了《个人信息保护法》与《行政机关持有的个人信息保护法》等。这些法律法规要求企业在处理个人信息时必须遵守一定的规范与标准,并规定了数据主体的权利与企业的责任。同时,日本还设立了个人信息保护委员会,负责监管与执法。俄罗斯在个人隐私数据保护方面也有严格的法律规定,其代表性法律法规为《俄罗斯联邦个人数据法》,该法规定了个人数据的收集、处理与传输等方面的要求,并赋予了数据主体一定的权利,而且俄罗斯还建立了数据保护影响评估制度,要求企业在处理个人数据前进行评估与审查。

各国与地区在个人隐私数据保护方面都有不同的立法情况与经验,随着技术的不断发展与公众对数据隐私的日益关注,各国与地区也在不断加强个人隐私保护的立法与监管力度,希望能更好地保障个人的隐私权益。

（2）技术手段情况

国内外相关行业正积极推动网络隐私保护技术的发展,主要采用的技术包括数据加密技术、匿名化技术、数据脱敏技术、差分隐私技术、联邦学习技术、区块链技术、隐私保护协议、多方安全计算技术等。这些技术被应用到数据分析与机器学习等多个领域。

数据加密技术是保护个人隐私数据的传统且核心的手段。随着密码学的不断进步,现代加密技术如对称加密、非对称加密以及公钥基础设施(PKI)等,为个人隐私数据提供了坚实的保护。数据加密技术能够在数据传输与存储过程中防止未经授权的访问与泄露。

匿名化技术是通过直接去除数据中的身份标识信息,使得数据无法直接关联到个人,这种技术在医疗研究与市场调查等领域应用广泛。然而,随着数据关联性的增强,单纯的匿名化处理可能不足以完全保护个人隐私。

数据脱敏技术是一种隐私保护技术,它对某些敏感信息应用脱敏规则进行数据的变形,以实现对敏感隐私数据的可靠保护。变形后的数据可以在开发、测试与其他非生产环境以及外包环境中安全地使用,同时满足企业既要保护隐私数据,又要保证监管合规的需求。

差分隐私技术是数学领域中一种严谨的隐私保障策略,它在原始数据中注入随机性噪声,使攻击者无法仅凭数据分析便推断出特定个体的敏感信息。该技术已经在许多数据发布与数据分析场景中得到了应用。

联邦学习技术是一种新兴的机器学习框架,它允许多个参与者在不共享原始数据的情况下联合训练模型,能够在保护个人隐私的同时实现数据的有效利用,对医疗与金融等领域的数据合作具有重要意义。

区块链技术具有去中心化、不可篡改的特性,为个人隐私保护提供了新的可能性。利用智能合约与加密技术,区块链能够确保数据交易具有透明性与可审计性,同时防止数据被篡改与滥用。

隐私保护协议,如 DNT(Do Not Track,不追踪)与 Shibboleth 等,为用户提供了更加明确的隐私控制手段,允许用户明确表达自己的隐私偏好,要求服务提供者遵守相应的隐私规则。

多方安全计算技术允许多个参与者在没有可信第三方的情况下联合进行计算,同时确保每个参与者的输入与输出不被其他参与者得知。这种技术能够在金融、医疗等领域中实现多方数据的安全合作。

(3)企业责任情况

企业在个人隐私保护中扮演着至关重要的角色。通过制定明确的隐私政策、合法收集数据、加强数据安全保护、获得用户同意授权、保持数据处理的透明性、提供隐私选项以及定期审查更新等措施,企业可以有效地保护用户隐私,提高用户的信任度,从而实现可持续发展。

当今时代是高速发展的数字化时代,企业在处理用户个人信息时承担着不可推卸的责任,首要任务就是制定明确的隐私政策。该政策应详细阐述企业如何收集、使用、共享与保护用户的个人信息,明确告知用户其隐私权利与选择权。隐私政策应清晰易懂,避免使用复杂或模糊的语言,确保用户能够充分理解。

企业必须确保在收集用户数据时,严格遵守相关的法律法规,取得用户明确同意,任何未经授权的数据收集都是对个人隐私的侵犯。此外,企业还应避免收集与业务无关的敏感信息,以降低数据泄露的风险。

企业应采取必要的技术与管理措施,利用加密技术、访问控制技术、定期安全审计等方法,防止用户数据丢失或被非法访问、篡改。企业还应建立应急响应机制来应对可能发生的数据泄露事件。

企业要保持数据处理的透明性,让用户了解自己的数据是如何被使用的。

企业可以通过向用户提供数据使用报告、开设用户数据查询接口等方式,增加数据处理的透明度,这有助于提高用户的信任度,同时也有助于企业优化数据处理的流程。

企业应为用户提供多种隐私设置选项,以满足不同用户的隐私需求,用户可以选择关闭个性化推荐、限制数据共享范围等。企业应根据用户的需求,提供灵活、多样化的隐私设置选项来提升用户的体验感与满意度。

现如今法律法规与技术环境不断变化,企业的隐私保护措施也需要不断地更新。因此,企业应定期对隐私政策与数据处理流程等进行审查,确保其符合最新的法律法规与技术标准。同时,企业还应根据用户反馈与市场需求,不断改进隐私保护措施,以提升用户的满意度与信任度。

（4）用户意识情况

用户在个人隐私保护中应具备一定的数据保护意识、良好的密码安全习惯、正确的网络和社交媒体隐私设置习惯、合理的应用权限管理方式、谨慎的信息分享态度,并对相关法律法规有一定的了解。通过增强这些方面的意识,用户可以更好地保护自己的个人隐私,减少隐私泄露的风险。

用户的数据保护意识在个人隐私数据保护中起着至关重要的作用。现如今,数据已成为人们的重要资产,用户应了解保护个人数据的重要性和数据泄露可能带来的风险,避免在公共场合透露身份证号码与银行账号等敏感信息,防止被不法分子利用。

用户要养成良好的密码安全习惯,尽量使用由大小写字母、数字与特殊符号组成的强密码,避免在多个平台使用相同的密码,并定期更换密码,也可以启用双重身份验证功能来增加账户的安全性。

用户在使用网络服务时应关注并正确设置网络隐私选项。在浏览器设置中,可以关闭追踪功能,避免被第三方网站收集个人信息,还可以定期清理浏览器缓存与 Cookie,以减少个人隐私数据泄露的风险。

用户应了解社交媒体平台的隐私设置,根据自己的需求进行调整,可以限制陌生人的访问权限,不公开地理位置信息。

在安装手机应用时,用户应关注应用所需的权限,谨慎授权,避免授予应用不必要的权限,减少个人隐私数据泄露的风险。用户也应该定期检查已安装应用的权限设置,确保个人隐私数据得到有效的保护。

用户在使用社交媒体或者进行在线聊天时要谨慎分享个人信息,避免在公共场合透露过多的个人细节。在分享照片或动态时,也要注意保护个人隐私,避免暴露敏感信息。

用户要充分了解与个人隐私数据保护相关的法律法规,在遇到隐私侵权问题时能够采取合适的措施进行维权。同时,用户也应关注相关法律法规的更新与变化来及时调整自己的隐私保护策略。

（5）教育培训情况

在现有的教育培训中,不仅要向公众普及隐私保护的定义,还要向公众解释个人隐私所包含的内容,以及为何隐私保护在现代社会变得如此重要等问题。有了清晰的概念界定,才能帮助人们建立起对隐私保护的基本认识。

普及法律法规宣传是个人隐私数据保护教育培训的重要内容之一。宣传国家相关的法律法规,能够帮助公众了解个人隐私数据保护的法律依据,引导公众依法维护自身的合法权益。我国已经出台了一系列有关个人隐私数据保护的法律法规,如《个人信息保护法》《中华人民共和国网络安全法》等,为公众提供了较为完善的法律保障。

提高个人信息保护意识是个人隐私数据保护教育培训的核心内容,教育培训能够引导公众充分认识个人信息的重要性,提升公众对个人信息的保护意识。教育培训内容包括但不限于不随意泄露个人信息,不轻信陌生人,不随意填写个人信息,等等。

个人隐私数据保护教育培训还包括网络隐私安全知识的培训,公众需要了解哪些网络行为容易导致隐私泄露,学习如何避免网络钓鱼、保护账号与密码等安全知识。公众还需要了解网络安全事件的应对方法,如遇到网络诈骗、网络病毒等应如何应对。

提高数据安全防护技能是指公众需要掌握一些基本的数据安全防护技能,养成设置复杂密码、定期更换密码、使用安全软件等的安全习惯,了解如何备份与恢复数据,防止数据丢失或被篡改。

个人隐私数据保护教育培训的重要环节是隐私泄露风险识别。常见的隐私泄露风险有社交媒体上的隐私泄露、公共 Wi-Fi 的安全隐患等,公众要充分了解这些风险状况,采取相应的防护措施,减少隐私泄露的可能性。

隐私保护技术的应用是个人隐私数据保护教育培训的新兴内容。随着隐私保护技术的不断发展,公众需要了解并掌握这些技术的应用方法,如使用数据加密技术保证个人信息的传输与存储安全,使用匿名化技术保护个人身份信息等隐私。

个人隐私数据保护教育培训的最终目的是让公众了解隐私权益维护的途径。公众需要了解如何维护自己的隐私权益,可以向有关部门投诉或者寻求法律援助。教育培训内容还包括如何正确处理个人信息泄露事件,维护自己的合法权益。

(6)监督管理情况

个人隐私数据保护的监督管理需要监管机构、企业与社会公众共同努力。在监督管理的过程中要加强隐私政策制定、数据收集监管、数据存储监控、数据使用审查、数据共享管理、隐私泄露应急、法律责任追究与公众监督渠道建设等,最终目的是构建完善的个人隐私保护监督管理体系,保障个人隐私权益得到有效保护。

个人隐私数据保护监督管理的首要环节就是隐私政策的制定。企业与服务提供商需要制定明确且易懂的隐私政策,告知用户个人信息的收集、使用、存储与共享的目的、范围与方式。隐私政策需要经过专业审查,确保其具有较高的合规性与有效性。监管机构应定期检查隐私政策的制定与执行情况,确保其符合法律法规的要求。

数据收集的监管是个人信息保护的重要环节,监管机构应对数据收集进行严格的监管,确保数据收集行为合法、合规,并且要事先征得用户的明确同意,防止产生过度收集、滥用个人信息的行为。

数据存储为个人信息安全提供了重要保障。监管机构应对数据存储进行监控,保证个人信息具有较高的安全性与保密性,这要求企业采取必要的技术措施与管理措施对数据进行加密、备份与隔离存储,目的是防止数据泄露与滥用。

数据共享是个人信息流通的重要渠道。监管机构要确保数据共享行为具有合法性与安全性,要求企业建立数据共享机制,明确共享数据的范围与方式,采取必要的安全措施,防止数据泄露与滥用。

隐私泄露是个人隐私数据保护中不可忽视的风险。监管机构应要求企业建立完善的隐私泄露应急机制,制定应急预案,组织应急演练,及时报告与处置隐私泄露事件,等等。对于未能及时报告或妥善处理隐私泄露事件的企业,监管机构应依法予以处罚。

对于违反个人隐私数据保护法律法规与政策的企业与个人,监管机构应依法追究其法律责任,对其进行行政处罚、民事赔偿处罚或刑事处罚,维护个人隐私权益的严肃性与权威性。

公众监督是个人隐私数据保护中不可或缺的力量。监管机构应建立投诉举报平台与公开听证会等便捷的公众监督渠道,鼓励公众积极参与到个人隐私数据保护的监督工作中。监管机构应向社会定期公布监督检查的结果与处理情况,接受社会的监督。

1.2.2 个人隐私数据保护的研究趋势

随着信息技术的飞速发展,有关个人隐私数据保护的问题日益凸显,个人隐私数据的保护涉及个人权利保障,关系到社会稳定与国家安全。下面从法律法规与政策完善、技术创新应用、跨领域合作、公众教育与意识、数据匿名化与去标识、隐私增强技术、隐私保护算法以及隐私泄露检测与应对等方面探讨个人隐私数据保护研究的趋势。

各国政府应逐渐加强相关法律法规与政策的制定与完善。随着技术的发展与社会需求的变化,隐私保护的法律法规与政策将持续更新,以适应新的形势与挑战。

技术创新是个人隐私数据保护的重要手段。随着区块链、人工智能、差分隐私等技术的发展,个人隐私数据保护将会更具实用性与有效性,这些技术的应用将极大地推动个人隐私数据保护研究的发展。

有关个人隐私数据保护的研究需要跨领域的合作,通过法学与计算机科学或者心理学等多个领域的合作,综合各领域的优势,形成合力,共同推进个人隐私数据保护研究的发展。

提高公众的隐私保护意识,是减少隐私泄露风险的有效途径。我们需要利用教育宣传、安全培训等方式来提高公众对隐私保护的认识与重视,这有助于个人隐私数据保护研究的推进。

数据匿名化与去标识具体是指通过对数据进行匿名化处理,减少数据泄露的风险,达到保护个人隐私的目的。在未来社会中,随着技术的飞速发展,数据匿名化与去标识的方法将会更加成熟与完善。

隐私增强技术是一种通过技术手段来增强个人隐私数据保护的方法。差分隐私技术是一种比较典型的隐私增强技术。在未来,隐私增强技术将伴随技术的发展变得更加多样化与实用化。

隐私保护算法可以在保证数据可用性的同时,实现对个人隐私数据的有效保护,是保护个人隐私数据的重要手段。可以通过设计合理的隐私保护算法来保护个人隐私,随着对算法研究的不断深入,隐私保护算法将更加成熟与完善。

隐私泄露检测与应对需要对数据进行实时监测与分析,以便及时发现潜在的隐私泄露风险,及时采取相应的应对措施,这是个人隐私数据保护的关键环节。随着研究的深入,隐私泄露检测与应对发挥的作用将会更大。

1.3 个人隐私数据保护的研究方法与结构

1.3.1 个人隐私数据保护的研究方法

随着信息技术的快速发展,个人隐私数据保护成为一个日益紧迫的问题。为了有效应对这一挑战,研究者们从多个角度探索个人隐私数据保护的方法。下面将对个人隐私数据保护的研究方法进行详细探讨。

(1)对隐私泄露风险的分析

对隐私泄露风险的分析是个人隐私数据保护研究的基础,通过深入研究与分析个人隐私泄露的原因与途径以及可能导致的后果,可以为后续的隐私保护措施提供有针对性的建议与指导。对隐私泄露风险的分析需要对个人信息的收集、存储、传输、使用等各个环节进行风险评估,识别出潜在的隐私泄露风险点。

(2)对隐私保护技术的研究

研究隐私保护技术是保护个人隐私数据的重要手段,因此研究者们不断探索开发各种隐私保护技术,如数据加密技术、匿名化技术和差分隐私技术等。随着人工智能与区块链等新兴技术的发展,隐私保护技术也在不断创新与演进。

(3)有关隐私保护的政策和法律法规

有关隐私保护的政策和法律法规为保护个人隐私数据提供了重要保障。制定并实施合理的隐私保护的政策和法律法规,可以规范个人信息的收集、使用以及传播行为,保障个人隐私权益,同时,还可以为隐私保护技术的发展与应用提供指导与支持。

(4)隐私保护应用实践

隐私保护应用实践是指将隐私保护理论与技术应用于实际的场景中,在实际应用中不断探索与实践可以发现隐私保护理论与技术中存在的问题与不足,从而不断完善与改进隐私保护措施,而且,隐私保护应用实践还可以为其他领域提供借鉴与参考。

(5)对隐私保护的效果评估

对隐私保护的效果评估是对隐私保护措施实施后的效果进行评估与量化的过程,通过对隐私保护效果进行评估,可以了解隐私保护措施实施的实际效果与起到的作用,为后续的隐私保护工作提供优化的依据。对隐私保护效果的评估还可以为政策制定者、企业和个人提供有关隐私保护效果的反馈与指导。

(6)隐私保护技术的发展趋势

随着信息技术的不断发展,隐私保护技术也在不断演进升级,了解隐私保护技术的发展趋势可以为未来的隐私保护工作提供方向与思路。隐私保护技术的发展趋势为更加高效的数据加密与匿名化技术、更加智能与自动化的隐私保护方法以及更加广泛与深入的跨领域合作等。

(7)隐私保护挑战与对策

隐私保护方面的研究尽管取得了显著的进展,但仍面临许多挑战与问题。随着大数据与人工智能技术的广泛应用,个人隐私泄露的风险逐渐增加,此外,隐私保护技术的发展与应用还会受到技术、经济、法律等多方面因素的制约与影响。为了应对这些挑战,我们需要制定并实施更加全面且有效的隐私保护对策,加强对公众的隐私保护意识教育,完善与隐私保护相关的政策和法律法规,推动隐私保护方面的技术创新与应用。

1.3.2 本书的研究方法与结构

(1)本书的主要研究方法

深入探究个人隐私保护的研究方法可以为提升个人隐私保护水平提供理论支持与实践指导,具体方法如下。

① 文献综述法:文献综述法是一种系统性的研究方法,它针对某一特定领域的课题、问题或研究专题,广泛地搜集、分析现有的情报资料,综合梳理当前研究的最新进展和学术观点,揭示该领域的新动态、新趋势、新发展水平以及新兴技术。这一过程有助于我们深入理解课题的研究现状,也为后续的研究提供了重要的出发点和可能的创新突破点。国内外关于个人隐私数据保护的大量文献,以及当前的研究现状、理论基础、实践案例,为本书提供了理论支撑与实证依据。

② 案例分析法:案例分析法是指对选定的事物进行系统且细致的探究,全面把握其本质,进而形成对该事物的整体性认知。这一过程要求我们不仅具备敏锐的洞察力,还要具备严谨的逻辑推理能力,以确保所得结论的全面性和准确性。选取典型的个人隐私泄露事件与隐私保护实践案例进行深入剖析,揭示隐私泄露的原因、影响以及有效的隐私保护措施,可以为研究提供实证支持。

③ 跨学科研究法:其核心在于不同学科之间的方法交叉。这种方法强调将不同学科的研究方法、技术与工具进行有机融合,以产生新的研究视角与解决方案。通过方法交叉,研究者可以突破单一学科的局限,利用多学科的优势,对复杂问题进行更全面、更深入的分析。本书结合法学、计算机科学、心理学等多学科的理论与方法,对个人隐私数据保护问题进行跨学科的综合研究,以期获得更全面、更深入的认识。

④ 定性与定量相结合的研究方法:通过定性分析,深入理解个人隐私数据保护的内涵、特点与发展趋势;通过定量分析,评估隐私保护措施的实际效果,为隐私保护政策的制定与实施提供科学依据。

（2）本书的结构安排

本书共分为七章，章节组织结构如下：

第一章是引言，主要包括个人隐私数据保护的研究背景与意义、研究现状与趋势、研究方法与结构。

第二章是个人隐私数据保护的基本理论，包括个人隐私数据的定义与分类、个人隐私数据保护的法律法规、个人隐私数据保护的原则与方法。

第三章是个人隐私数据保护的技术机制，包括数据加密技术、数据脱敏技术、访问控制技术与匿名化技术。

第四章是个人隐私数据保护的管理机制，包括组织架构与政策制度、人员管理、物理环境安全与风险管理。

第五章是个人隐私数据保护的实践应用，包括企业层面、政府层面、社会层面的应用与实践及国际合作与比较研究。

第六章是个人隐私数据保护的挑战与发展，包括个人隐私数据保护面临的挑战、个人隐私数据保护的创新发展与个人隐私数据保护的未来展望。

第七章是个人隐私数据保护的对策与建议，包括提出个人隐私数据保护对策的必要性，个人隐私数据保护整体框架，个人、企业与国家层面的个人隐私数据保护问题，"三位一体"的个人隐私数据保护对策与建议以及结论。

第二章

个人隐私数据保护的基本理论

2.1 个人隐私数据的定义与分类

个人隐私数据是指数据主体自己认为对其自身而言比较敏感而不愿意公开的信息,特别是能够直接或间接识别个人身份的任何信息。这些信息涉及个人生活的方方面面,包括但不限于以下几个方面:

① 个人基本信息:如个人姓名、性别、民族、出生日期、婚姻状况等。

② 身份证明信息:如身份证号码、护照号码等。

③ 通信记录:如通话记录、短信记录、邮件记录等。

④ 健康医疗信息:如病历、体检报告、健康记录等。

⑤ 金融数据:如银行账户信息、信用卡信息、财务报表等。

⑥ 地理位置信息:如 GPS 定位信息、Wi-Fi 连接信息等。

在这些信息数据中,有些信息是敏感数据,有些是非敏感数据。在个人信息保护领域,个人信息数据可以明确地分为敏感个人信息数据与非敏感个人信息数据。敏感个人信息数据特指一旦遭到泄露或被不当利用,可能对个人权益构成显著威胁的数据,像生物识别信息、宗教信仰、特定身份、医疗健康、金融账户、行踪轨迹等都属于敏感个人信息数据。根据《个人信息保护法》的规定,不满十四周岁的未成年人的个人信息也被视为敏感个人信息。相比之下,非敏感个人信息数据则是指那些不会直接对个人权益造成侵害的数据,像姓名、联系方式等,这些数据虽然也涉及个人隐私,但相对于敏感个人信息数据而言,其风险程度较低。

2.1.1 敏感个人信息数据

(1)敏感个人信息数据的定义

敏感个人信息数据是指涉及个人身份、生活、思想、信仰、行踪、健康、财产等方面,如果被不当获取、使用或披露,可能会给个人造成不利影响,损害个人权益的信息数据,包括个人身份证号码、财产状况、健康状况、个人日常行为轨迹、个人通信记录、个人思想倾向等。

敏感个人信息数据涉及个人身份信息,包括身份证号码、出生日期、家庭地址等,这些数据如果被不法分子获取,可能被用来进行身份盗窃与欺诈等违法行为,严重影响个人的合法权益。个人的财产状况也属于敏感个人信息数据范畴,例如银行账号与财产所有权信息,如果这些数据遭到泄露或被不当使用,可能会导致个人财产受损,甚至引发经济纠纷或财产损失。个人的健康状况也是敏感个人信息数据的一部分,其中包括病史、医疗记录、体检结果等,如果第三方未经本人允许就获取个人的健康状况,可能会导致个人隐私曝光,影响个人的就医权利与健康状况。另外,个人的日常行为轨迹与通信记录也属于敏感个人信息数据的范畴,个人的行踪轨迹、社交活动、通信内容等,如果被不法分子获取,可能被用于跟踪与监视,侵犯个人的隐私权与自由权。个人的思想倾向、政治立场、宗教信仰等也是敏感个人信息数据的一部分,这些数据如果被不当使用,可能会导致个人受到歧视、排斥或迫害,严重影响个人的自由权与人权。

(2)收集敏感个人信息数据时遵循的原则

① 合法性原则。

敏感个人信息数据的来源必须合法,可以是由数据主体自愿提供、来自公开信息或者与第三方合法共享,而且收集敏感个人信息数据的目的必须合法且与业务功能直接相关。

② 必要性原则。

只有在具有特定的目的与充分的必要性时,才能收集敏感个人信息数据,这意味着不是收集所有的信息,而是只收集实现特定目的所必需的信息。

③ 同意原则。

对于敏感个人信息数据的收集,需要取得数据主体的同意,如果要收集某人的医疗信息,必须单独提出,并解释清楚收集的理由,然后由数据主体决定是否同意收集请求。

④ 安全性原则。

收集到的敏感个人信息数据必须得到严格的安全保护,防止信息泄露或被滥用,这可能需要采取各种安全措施,对信息进行加密或者访问控制。

⑤ 透明性原则。

个人敏感信息数据的收集与使用应当对数据主体透明,也就是数据主体应当了解他们的信息是如何被收集、使用与共享的。

⑥ 最少够用原则。

在收集与使用个人敏感信息数据时,应只收集与使用实现业务功能所必需的最少信息,避免出现过度收集与使用的情况。

这些原则是为了保护数据主体的隐私与权益,确保他们的个人信息得到合法且公正的处理,同时,也为企业与组织提供了指导,帮助它们合法合规地收集使用个人敏感信息数据。保护敏感个人信息数据是保护个人权益与人权的重要举措,需要社会各界共同努力,建立完善的法律制度与监管机制,提高公众的信息安全意识,也要加强技术保障,保障每个人的隐私权与个人信息安全。

2.1.2 非敏感个人信息数据

(1)非敏感个人信息数据的定义

非敏感个人信息数据是指那些虽然与个人身份、生活、思想、信仰相关,但其获取、使用、披露不当不太可能对个人权益产生重大不利影响的数据,这类数据通常包括一般性的联系方式、公开的社交媒体信息和公共记录中的数据等。

一般性的联系方式像电子邮件地址与电话号码等通常被认为是非敏感个人信息数据的一部分,这些信息通常公开可见,用于正常的社交、工作与业务沟通,而且其披露不太可能导致个人面临安全风险或者隐私权受到侵犯。公开的社交媒体信息也属于非敏感个人信息数据的范畴,个人选择在社交媒体上分享的信息,像个人简介与照片等,通常是公开的,这些信息对于社交互动与个人形象建设有积极作用,且在公共领域内被广泛接受。

（2）收集非敏感个人信息数据时遵循的原则

在数据收集过程中,即使是非敏感个人信息数据,也应该遵循一系列伦理原则,保护个人的隐私权与尊严。这些原则包括但不限于:

① 透明性原则。

在收集个人数据之前,数据收集者应向数据主体清楚地解释数据收集的目的、方式和可能出现的后果,数据主体应该知道他们的数据将如何被使用,以便做出知情的决定。

② 最小化原则。

数据收集应限制在必要的范围内,只收集与特定目的直接相关的信息,不应该收集过多的个人数据,避免带来不必要的侵入性风险。

③ 合法性原则。

数据的收集应符合相关的法律法规,并获得数据主体的明确同意,数据不应该被非法或未经授权地收集使用。

④ 安全性原则。

为确保个人数据的安全性与保密性,我们应当采取适当的技术与组织措施,防止数据泄露或者被滥用。

⑤ 负责任原则。

数据收集者应对其收集、使用与处理的个人数据负有责任,并且应该确保数据具有准确性、完整性与及时性。

这些原则的作用是平衡个人隐私保护与数据利用之间的关系,保护个人隐私免受不必要的侵犯,同时促进科学研究、商业发展及社会进步。公共记录中记录的如公司注册信息与法院裁决记录等,也通常被视为非敏感个人信息数据,因为这些数据是为了保障社会公共利益而记录的,对于法律、公共管理以及商业有积极的作用。非敏感个人信息数据是在正常社交与业务活动中被广泛使用与接收的数据,虽然这些信息的泄露不太可能对个人权益造成严重损害,但在任何情况下,对这类数据的处理都应遵循透明且合法的原则,确保做到对个人隐私的尊重与保护。

2.1.3　个人隐私数据的分类

个人隐私数据可以被广泛定义为任何可以标识特定个人身份的信息。根据数据保护法律与隐私政策的指导,将个人隐私数据分为不同的类别,便于更好地管理与保护这些数据。个人隐私数据大体分为以下7类。

（1）身份信息

身份信息是最基本、最常见的个人隐私数据,包括姓名、身份证号码、护照号码等可以直接识别个人身份的信息。身份信息极其敏感,如果泄露可能产生身份被盗用或者个人受到欺诈的风险。

（2）地理位置信息

地理位置信息指的是可以确定个人具体位置的数据,像 GPS 数据、IP 地址、移动电话基站数据的信息,在一些应用中被广泛收集,但不对这些信息加以保护,可能会增加隐私泄露与个人被跟踪的风险。

（3）医疗健康信息

医疗健康信息包括个人的病历、处方药物信息、疾病诊断结果等与健康状况相关的敏感数据。保护医疗健康信息隐私对于个人来说至关重要,因为这些信息可能会被用于医疗保险欺诈等一些不法行为。

（4）金融信息

金融信息涵盖了个人的银行账户信息、信用卡号码与交易记录等金融数据,犯罪分子会偷窃并利用这些信息进行欺诈活动,所以保护金融信息隐私也是非常重要的。

（5）通信信息

通信信息有电话号码、电子邮件地址、社交媒体账号等用于沟通与联系的信息,如果通信信息被诈骗分子窃取,则他们会以垃圾邮件、欺诈电话以及钓鱼攻击等方式对个人隐私安全造成威胁。

（6）在线行为信息

在线行为信息是指通过互联网与移动设备收集的数据,其中包括浏览历史、搜索记录、应用程序的使用情况与在线购物习惯等信息,这些信息大都被用于定向广告,但是也可能被滥用于个人信息分析与潜在的个人隐私侵犯。

(7) 生物特征信息

生物特征信息包括指纹、面部识别数据、虹膜扫描数据等生物特征识别数据,大部分是用于身份验证的信息,如果这些数据没有得到保护,可能会产生个人生物识别数据被滥用的情况。

个人隐私数据的分类涵盖了多个方面,涉及个人生活的方方面面,有效保护个人隐私首先要认识到不同类型个人隐私数据的重要性,采取相应的措施来保护这些数据,可以通过加密、匿名化、访问权限控制、安全存储等措施来确保个人隐私得到充分的尊重与保护。

2.2 个人隐私数据保护的法律法规

2.2.1 我国与个人隐私数据保护相关的法律法规

(1)《个人信息保护法》十大要点

《个人信息保护法》是一部根据宪法制定的法规,在 2021 年 8 月 20 日获得表决通过,于 2021 年 11 月 1 日开始实施。此法是为了保护个人信息的权益,规范个人信息的处理活动,促进个人信息的合理利用。此法规定,任何组织与个人不得非法收集、使用、加工、传输他人的个人信息,不得非法买卖、提供或者公开他人的个人信息,违反者将会依法受到严惩。

下面简单介绍其十大要点。

第一,"规范个人信息处理活动"是《个人信息保护法》的核心。《个人信息保护法》第一条规定:"为了保护个人信息权益,规范个人信息处理活动,促进个人信息合理利用,根据宪法,制定本法。"由此可见,就《个人信息保护法》的实质功能而言,它是一部个人信息处理活动行为规范法,"规范个人信息处理活动"处于整个《个人信息保护法》的核心地位,只有夯实这一关键环节,才能确保实现保护个人信息权益与促进个人信息合理利用的目的。

第二,个人信息的内涵与匿名化。《个人信息保护法》第四条第一款明确了"个人信息"的定义:"个人信息是以电子或者其他方式记录的与已识别或者可识别的自然人有关的各种信息,不包括匿名化处理后的信息。"这意味着个人信息经匿名化处理后不再属于个人信息,也就不再适用《个人信息保护法》的相关规定,这一规定体现了《个人信息保护法》对个人信息保护与利用并重的立法精神。

第三,《个人信息保护法》域外效力。根据《个人信息保护法》第三条第二款,在中华人民共和国境外处理中华人民共和国境内自然人个人信息的活动,有下列情形之一的,也适用本法:"(一)以向境内自然人提供产品或者服务为目的;(二)分析、评估境内自然人的行为;(三)法律、行政法规规定的其他情形。"

第四,个人信息处理核心原则。《个人信息保护法》主要确立了以下五项重要原则:一是合法、正当、必要与诚信原则;二是采取对个人权益影响最小的方式,限于实现处理目的的最小范围原则;三是公开、透明原则;四是保证个人信息质量原则;五是采取必要措施确保个人信息安全原则。需要注意的是,《个人信息保护法》总则部分第六条确立的两个"最小原则",即"采取对个人权益影响最小的方式""限于实现处理目的的最小范围",是个人信息处理应遵循的核心原则,尤其是后者,是禁止"过度收集个人信息"的关键要点。

第五,以"告知—知情—同意"为核心的个人信息处理规则。《个人信息保护法》构建了以"告知—知情—同意"为核心的个人信息处理规则体系。个人信息处理者"告知"的目的是确保被告知者充分"知情",被告知者只有在充分知情的前提下才能自愿、明确地做出决定。为此,《个人信息保护法》第十四条明确规定:"基于个人同意处理个人信息的,该同意应当由个人在充分知情的前提下自愿、明确作出。"

第六,敏感个人信息的认定与保护规则。《个人信息保护法》对自然人的隐私信息未做出专门规定,而是将个人信息分为敏感个人信息与非敏感个人信息,并专节设置了"敏感个人信息的处理规则"。《个人信息保护法》采用了"个人信息被泄露或者非法使用+危害后果+列举重要敏感个人信息"的立法技术,明确"敏感个人信息是一旦泄露或者非法使用,容易导致自然人的人格尊严受到侵害或者人身、财产安全受到危害的个人信息,包括生物识别、宗教信仰、特定身份、医疗健康、金融账户、行踪轨迹等信息,以及不满十四周岁未成年人的个人信息"。

第七,严禁"大数据杀熟"以及"用户画像"等涉及不当自动化决策的做法。针对"大数据杀熟""用户画像"与"算法推荐"等涉及个人信息自动化决策的热点问题,《个人信息保护法》予以明确规范:首先,个人信息处理者利用个人信息进行自动化决策,应当保证决策的透明度与结果公平、公正,不得对个人在交易价格等交易条件上实行不合理的差别待遇。其次,个人信息处理者通过自动化决策方式向个人进行信息推送、商业营销,应当同时提供不针对其个人特征的选项或者向个人提供便捷的拒绝方式。最后,个人信息处理者通过自动化决策方式做出对个人权益有重大影响的决定时,个人有权要求个人信息处理者予以说明,并有权拒绝个人信息处理者仅通过自动化决策的方式做出决定。

第八,个人信息跨境提供规则。《个人信息保护法》明确了个人信息处理者向境外提供个人信息应当具备的基本条件,例如:关键信息基础设施运营者与处理个人信息达到国家网信部门规定数量的处理者,确须向境外提供个人信息的,应当通过国家网信部门组织的安全评估;对于其他需要跨境提供个人信息的,应由专业机构进行个人信息保护认证;个人信息处理者因业务需要向境外提供个人信息,须按照国家网信部门的标准合同与境外接收方订立合同;我国缔结或者参加的国际条约、协定对向我国境外提供个人信息的条件等有规定的,可以按照其规定执行。

第九,个人在个人信息处理活动中的七项权利。《个人信息保护法》全面构建了个人在个人信息处理活动中的权利,包括知情权、决定权(限制、拒绝与撤回权)、查阅复制权、个人信息可移转权、更正补充权、删除权、规则解释权。这些权利的设定,表明了《个人信息保护法》对个人信息保护与利用的平衡,即在保护中利用,在利用中保护。

第十,重要互联网平台的"守门人"制度。鉴于重要互联网平台掌握了海量用户数据,一旦发生信息泄露或滥用,可能导致严重后果,《个人信息保护法》专门要求其履行"守门人"角色,并承担更多责任,主要包括:按照国家规定建立健全个人信息保护合规制度体系,成立主要由外部成员组成的独立机构对个人信息保护情况进行监督;遵循公开、公平、公正的原则制定平台规则,明确平台内产品或者服务提供者处理个人信息的规则和保护个人信息的义务;对严重违反法律、行政法规处理个人信息的平台内的产品或者服务提供者,停止提供服务;定期发布个人信息保护社会责任报告,接受社会监督;

等等。

案例

　　2022 年 4 月,被告人林某通过朋友推荐认识了买卖网络 App 账户的段某,段某知道林某是汉中某通信公司员工后,便告诉林某可以利用职务之便,用他人手机卡接收的验证码注册抖音、微信等 App 软件获利。随后,林某购买了收发手机短信验证码的设备"猫池",并联系被告人刘某晨、祝某辉和刘某加入。2022 年 4 月底到 6 月期间,林某与刘某晨、祝某辉、刘某四人带领通信公司业务员在汉中市内利用赠送礼品等手段引诱市民办理手机卡后进行收购,并通过"猫池"设备使用手机卡收发短信验证码,将手机号码与验证码出售给段某提供的买家。2022 年 9 月 25 日,被告人刘某晨在家中使用"猫池"设备接收短信并向他人出售短信验证码时被民警现场抓获。被告人林某等四人累计出售验证码 31 966 个,非法获利 84 596.71 元。案发后,四名被告人上缴全部违法所得。

(2)《中华人民共和国民法典》中个人信息的保护条款

　　《中华人民共和国民法典》第一千零三十四条规定:自然人的个人信息受法律保护。个人信息是以电子或者其他方式记录的能够单独或者与其他信息结合识别特定自然人的各种信息。自然人的个人信息广泛且多样,包括姓名、出生日期、身份证号码、生物特征识别数据、居住地址、联系电话、电子邮件地址、健康状况记录以及活动轨迹等关键信息。

　　《中华人民共和国民法典》在人格权编中明确规定了隐私权与个人信息保护的相关内容。隐私权确保公民能够享有私人生活的宁静,依法保护私人信息免遭他人的非法侵扰和公开披露。

案例

　　2018 年 8 月 20 日,原告陈某与被告某房地产开发公司通过网络平台签订了《商品房预售合同》,并依照要求提供了个人联系电话等相关信息。2020 年 12 月 31 日房屋交付后,陈某不断遭受来自各类装饰装修服务商家的电话推销侵扰。这些商家显然掌握了陈某的个人详尽信息。面对持续的电话骚扰,陈某不堪其扰,遂决定诉诸法律途径。法院审理后进行依法判决,被告需向原告陈某赔偿经济损失 2 000 元,并要求其在公开媒体上发表公告,对陈某进行公开道歉。同时,法院向相关行业管理部门送达了司法建议函,建议其结合日常服务管理职能,督促房地产开发企业强化主体责任意识,加强内部管理,切实保护客户的个人信息安全,杜绝购房人个人信息被过度采集、无序滥用等现象。

(3)其他相关法律法规

《中华人民共和国治安管理处罚法》在保护公民隐私权方面,主要规定了对侵犯个人隐私行为的处罚措施,像偷窥、偷拍与窃听或者散布他人隐私的行为,都将受到法律的制裁;《中华人民共和国民事诉讼法》在民事诉讼过程中,对涉及个人隐私的证据与案件信息进行了保护,防止个人隐私泄露;《中华人民共和国刑事诉讼法》在刑事案件的各阶段过程中,对个人隐私的保护也做出了明确规定,确保个人隐私不被侵犯;《中华人民共和国电信条例》与《关于开展垃圾短信整治专项行动工作方案》等相关法律法规明确禁止利用电信网络发送含有侵害他人合法权益内容的信息,对手机短信骚扰行为进行了规范。

2.2.2 国外与个人隐私数据保护相关的法律法规

个人隐私数据的保护是当代社会备受关注的议题,各国纷纷出台法律法规以确保个人信息受到合法、安全且透明的处理。以下是一些涵盖个人信息隐私保护领域的法律法规的综合概述,有欧洲的《通用数据保护条例》、美国的《加州消费者隐私法案》与国际组织关于数据保护的指导原则等。

(1)《通用数据保护条例》

欧洲的《通用数据保护条例》于 2018 年 5 月 25 日正式生效,它的目的是增强欧盟公民对个人数据保护的权利。该条例强调了个人数据的合法处理、透明传输与数据主体权利,规定了数据处理者的责任与义务,主要内容包括以下几点。

① 数据主体知情权:数据主体有权知道其个人数据被收集与处理的目的、数据的处理基础等信息。

② 数据的合法性、正当性与透明性:个人数据的处理必须合法、公正、透明,并且必须在明确的法律依据下进行。

③ 数据最小化原则:数据处理者应当收集与处理最少量的个人数据,仅限于实现特定的目的。

④ 数据保护措施:数据处理者有责任采取适当的技术或者组织措施来保

证个人数据的安全。

⑤ 数据主体权利:该条例赋予了数据主体一系列的权利,包括访问权、更正权与删除权,个人可以选择是否同意本人数据的处理。

该条例的实施对全球范围内的企业与组织都产生了深远的影响,推动了全球范围内对个人隐私数据保护的关注与实践。

(2)《加州消费者隐私法案》

《加州消费者隐私法案》于 2020 年 1 月 1 日正式实施,旨在保护加州居民的个人隐私信息。该法案规定了个人信息的收集、使用、共享与销售的规范,主要内容包括以下几点。

① 个人信息的定义:该法案定义了个人信息的范围,也定义了从个人标识信息到商业信息再到网络活动等一些广泛的概念。

② 数据主体权利:该法案赋予了消费者一系列权利,包括访问个人信息的权利与禁止个人信息被销售的权利等。

③ 数据处理者责任:数据处理者需要将个人信息的收集、使用与分享等过程进行透明披露,采取适当的安全措施来保护个人信息的安全。

④ 对违规行为的处罚:该法案规定了对于违规处理个人信息的行为将面临的处罚与赔偿责任。

该法案的实施使得加州居民在个人隐私信息保护方面获得了更多的权利与保障,也对全美范围内的个人隐私信息保护体系产生了一定的影响。

(3)国际组织关于数据保护的指导原则

国际组织也提出了多项关于数据保护的指导原则,如欧洲理事会的《关于个人数据自动处理的权利》以及经济合作与发展组织(OECD)的《个人数据跨境流动的指导原则》,这些指导原则总结了在全球范围内数据保护的最佳实践,促进了数据的互通与合作,增强了全球数据保护意识。个人隐私数据保护的法律法规涵盖了全球范围内的各种立法措施与指导原则,可以有效地保护个人隐私,维护数据安全,捍卫个人权利,满足了数字化时代人们对于隐私保护日益增长的需求。随着数据应用的不断发展,我们期待各国能够进一步加强相关法律法规的制定与执行,更好地保护个人隐私数据。

2.3 个人隐私数据保护的原则与方法

2.3.1 个人隐私数据保护的原则

个人隐私数据保护原则是信息安全领域中的重要基石,旨在保护个人隐私数据免受未经授权访问、使用与泄露的风险。除了前文提到的目的明确、公开、完整、正确、限制利用与安全保护等基本原则外,还有许多其他原则可以进一步强调与扩展,以增强对个人隐私数据的全面保护。

（1）目的明确原则

在收集个人隐私数据时必须有明确的特定目的,禁止超出目的范围收集、处理与利用个人隐私数据。

（2）公开原则

对个人隐私数据的收集、处理与利用应当秉持公开透明的原则,个人有权充分了解个人隐私数据的收集及利用详情。

（3）完整正确原则

个人隐私数据应该在特定的目的范围内保持完整、正确、及时更新。

（4）限制利用原则

在利用个人隐私数据时应该严格限定在收集的目的范围内,不应用于收集之外的目的。

（5）安全保护原则

个人隐私数据应该处于可靠的保护中,避免发生个人隐私数据的泄露、意外灭失或不当使用。

（6）最小化原则

最小化原则对数据处理者提出了要求,在收集、处理与使用个人隐私数据时,只收集实现特定目的所必需的最少量的个人隐私数据。数据主体应当尽量控制其个人隐私数据被获取的范围,数据处理者也应避免收集不必要的个人隐私数据。最小化原则可以减少个人隐私数据泄露的风险,有效地保护用户隐私。

（7）**透明性原则**

透明性原则要求数据处理者在收集、处理与利用个人隐私数据时对数据主体保持透明,数据主体应当能够清楚地了解其个人隐私数据是如何被收集、处理与利用的。透明性有助于建立数据主体与数据处理者之间的信任关系,增强数据主体对个人隐私数据处理活动的监督能力,促使数据处理者遵守法律规定,确保数据主体的信息安全。

（8）**准确性原则**

准确性原则强调个人隐私数据在得到验证后应该是准确的。数据处理者要采取适当的措施来保证个人隐私数据的准确性,及时更新数据并纠正错误。准确的个人隐私数据对于个人权益的保护至关重要,能够避免错误信息带来的负面影响。

（9）**匿名性原则**

匿名性原则要求在不违反其他原则的前提下,尽可能地减少对个人的身份识别。数据处理者可以通过去标识化等方式将个人信息转化为匿名信息来降低信息关联的风险。保障个人隐私数据的匿名性有助于保护用户隐私,减少个人隐私数据泄露的风险。

（10）**责任追溯原则**

责任追溯原则要求数据处理者对个人隐私数据处理活动承担责任,能够追溯到具体的数据处理者。数据处理者要建立健全信息保护制度与流程,明确数据处理的权限与责任,并对信息安全事件承担相应的法律责任。责任追溯原则有助于数据处理者加强对个人信息的保护,确保数据处理活动符合法律的要求。

（11）**审慎使用原则**

审慎使用原则要求数据处理者在收集、处理与利用个人隐私数据时,必须谨慎选择处理方式,确保符合法律规定与道德标准。数据处理者应当慎重考虑个人隐私数据的使用目的与方式,避免出现滥用个人隐私数据的情况,防止个人隐私数据被不当利用。

（12）前瞻性原则

前瞻性原则要求数据处理者能预见潜在的信息安全风险,采取相应的措施加以防范。数据处理者应建立风险评估机制,对可能影响信息安全的因素进行识别与分析,及时调整信息安全措施来应对风险变化。前瞻性原则可以有效地降低个人隐私数据泄露与滥用的风险。

（13）共享原则

共享原则规定在共享个人隐私数据时必须满足合法、正当且必要的原则,确保仅在信息安全的前提下进行共享。数据处理者在个人隐私数据共享时应遵照数据主体的意愿,保护数据主体的隐私权益,防止个人隐私数据被未经授权的第三方获取与使用。

（14）持续改进原则

持续改进原则要求数据处理者不断改进个人隐私数据保护的工作机制,提升信息安全水平。数据处理者应定期评估与优化个人隐私数据保护措施,及时更新信息安全技术与制度,提高信息安全管理水平,持续改进个人隐私数据保护工作。

扩展原则进一步强调了个人隐私数据保护的重要性与广泛性,有助于数据处理者更全面地认识个人隐私数据保护工作的必要性,并加强个人隐私数据保护措施,确保数据主体的信息安全,并促进信息安全制度与法规的不断完善。

2.3.2　个人隐私数据的泄露途径

个人隐私数据泄露是一种严重的信息安全问题,在介绍保护个人隐私数据的方法之前,我们应该了解个人隐私数据泄露的途径。个人隐私数据泄露可能会增加财产损失甚至身份被盗用的风险。个人隐私数据泄露的主要途径包括以下几种。

（1）网络攻击

网络攻击是指黑客通过各种技术手段入侵网络系统,获得用户的账号、密码及身份证号码等个人信息。常见的网络攻击方式有计算机病毒攻击与恶意软件攻击。

（2）数据泄露事件

企业或组织数据泄露是个人隐私数据泄露的主要途径。企业或组织的服务器或数据库受到攻击，或者内部人员操作不当，都可能导致个人隐私数据泄露。

（3）第三方数据共享

在一些情况下，第三方拥有个人信息，如果这些第三方未能妥善保护个人信息，就可能会导致个人隐私数据泄露。

（4）移动设备安全漏洞

移动设备的安全漏洞也是导致个人隐私数据泄露的因素之一。如果手机、平板电脑或其他移动设备上存储了大量个人信息，一旦设备丢失或被黑客攻击，个人隐私数据就可能会泄露。

（5）社交工程

社交工程是一种利用社会学、心理学技巧进行欺骗的手法，攻击者通过诱骗数据主体提供个人信息或点击恶意链接来获取其隐私数据。

公众应该增强信息安全意识，加强个人信息保护意识，减少个人隐私数据泄露带来的风险。企业与组织也应当加强信息安全管理，保护个人信息安全。

2.3.3　个人隐私数据保护的方法

在数字化时代，个人隐私数据的保护显得尤为重要。为了保障个人信息安全，避免数据泄露或滥用，以下提供一些有效的个人隐私数据保护方法。

（1）合　规

制定与遵守相应的数据保护法律法规与政策，确保个人数据在使用与处理过程中符合规定。

（2）访问控制

通过权限管理与身份验证机制，控制不同用户对数据的访问权限，以保护数据免受未经授权的访问。

（3）数据匿名化

将个人身份信息的特定标识去除，以保护个人隐私，同时确保数据仍然具有分析与研究的可用性。

（4）访问日志与监控

记录数据的访问历史,监测数据的访问情况,及时发现异常或潜在威胁。

（5）数据加密

通过加密技术,将敏感信息转换为一种无法被未经授权方读取的形式,确保数据在传输与存储过程中的安全性。

（6）守好安全入口

手机等互联网终端是人们每天频繁使用的互联网产品,也是个人信息数据比较集中的地点,要想守好手机等这类终端设备的安全入口,除了避免丢失,还要做到以下几点:首先是从正规渠道购买。其次是购买正规厂商生产的经过相关部门检测认证的产品。再次是避免被陌生人随意使用,在交换、维修等场景下,记得提前将手机数据备份,并删除原有数据。最后,不妨为自己的手机等终端设置一个密码,这样可以有效避免个人隐私数据泄露。

（7）定期升级更新软件版本

在移动互联网广泛普及的当下,不论是手机系统还是应用商店,都会提醒用户定期更新升级软件版本。更新升级版本意味着系统后台增加了更多防范风险的措施,填补了更多系统漏洞,与之相伴的是系统功能、界面体验等不同层面的升级改造,包括对恶意程序的防范、隐私泄露的提醒等,可以说,定期更新升级软件也是防止隐私数据泄露较为可行的办法。

（8）关闭敏感数据收集权限

可以设置手机上的应用程序(包括手机上配备的麦克风、摄像头、陀螺仪或者其他应用程序)拥有的权限。设置的原则是合理,比如录音机应用程序得到访问麦克风的权限就是合理的,而手电筒应用程序要求访问使用者所在地信息以及联系人信息显然是不合理的。作为手机的拥有者与应用程序的使用者,可以做到的就是关闭这些过度收集个人信息的权限。

（9）提高防诈骗意识

最近几年,电信网络诈骗的新闻在社交媒体上随处可见,一些不法分子总是打着各种旗号进行诈骗。此前,国家反诈中心提醒,防范电信网络诈骗只需牢记一条:凡是让出钱的事情一律免谈。但能让不少人上当受骗的原因其实就是一条:有所图。提高防诈骗意识的首要条件是:相信天上不会掉馅饼,同时不泄露个人隐私数据给陌生人。

（10）使用强密码

可以使用强密码对各个在线账户进行保护。强密码应该包括字母、数字与特殊字符,同时避免使用容易猜测的信息,如生日、姓名等。定期更换密码也是必要的。

（11）启用多因素身份验证

除了账号、密码,还需要另外一种验证方式,如短信验证码、身份验证器应用程序生成的动态验证码等,从而提升账户的安全性。

以上是一些常见的个人信息保护方法,按照这些方法可以在一定程度上降低个人信息泄露的风险。

第三章

个人隐私数据保护的
技术机制

当今时代信息技术高速发展，个人隐私数据的保护成为人们关注的重点，为了更有效地保障个人隐私数据的安全，我们在实践中应用了多种技术机制。

3.1 数据加密技术

数据加密技术是保护个人隐私数据的重要手段之一，可以采用对称加密或者非对称加密的算法对数据进行加密处理，确保数据在传输与存储过程中的安全。数据加密技术涉及加密算法与密钥管理两个主要方面，可以有效防止未经授权的人员访问数据或者对数据进行篡改。数据加密技术使用数学算法将数据转换为密文，可以保护数据的机密性与安全性，该技术利用密钥加密与解密数据，确保只有获得授权的用户才能访问明文数据。

明文数据经加密算法处理后，使用密钥生成对应的密文，只有持有正确的密钥才能将密文还原为原始的明文数据，这种加密过程可以有效地保护敏感数据在传输与存储过程中不被未授权的访问者窃取或者修改。

3.1.1 数据加密算法

数据加密算法是一种数学算法,它的作用是将明文数据转换为密文,常见的加密算法有对称加密算法、非对称加密算法、混合加密算法与哈希函数等。

(1)对称加密算法

对称加密算法是一种常见的加密算法,它的优点是加密速度快且效率高,适用于大量数据的传输。在对称加密算法中,发送方与接收方需要使用相同的密钥才能对数据进行加密与解密。加密时,发送方将明文数据与密钥一起输入加密算法中,生成密文数据。解密时,接收方使用相同的密钥与加密算法将密文数据还原为明文数据。

因为加密与解密使用相同的密钥,所以数据的传输只需要进行一次加密与一次解密即可,这一特点使对称加密算法适用于大量数据的传输,像文件传输与语音通话。当然,对称加密算法也存在一些缺点,因为加密与解密使用的是相同的密钥,所以保证密钥的安全性十分重要,如果密钥被泄露,攻击者就可以利用泄露的密钥轻松地解密数据。

在对称加密算法中密钥的管理是比较困难的,加密的前提是能够做到在发送方与接收方之间安全地传输密钥。因为密钥相同,攻击者一旦将加密算法攻破,就可以轻松地解密数据,这是对称加密算法的缺点。再者,对称加密算法对于不同密钥的使用效率比较低,如果需要使用不同的密钥对不同的数据进行加密,就需要使用非对称加密算法等其他方式。常见的对称加密算法有 AES(高级加密标准)、DES(数据加密标准)和 3DES(三重数据加密标准)。

(2)非对称加密算法

非对称加密算法与对称加密算法不同,它使用不同的密钥进行加密与解密,发送方使用公钥对数据进行加密,接收方使用私钥对数据进行解密。非对称加密算法的优点主要体现在密钥具有较高的安全性上,而且在隐私保护上也有体现。非对称加密算法使用不同的密钥进行加密与解密,因此即使公钥被泄露也无法解密数据,只有私钥持有者才能解密数据,这就大大提高了数据的安全性,降低了数据在传输过程中被窃取或篡改的可能性。

非对称加密算法解决了对称加密过程中密钥的管理问题。在对称加密算法中,密钥的管理非常复杂,需要在发送方与接收方之间安全地传输密钥。而非对称加密算法只需要在初始阶段进行一次密钥交换即可,之后就可以使用公钥进行加密,使用私钥进行解密,大大简化了密钥的管理过程。

非对称加密算法最大的缺点就是速度较慢,因为非对称加密算法需要进行公钥与私钥的交换,而且它的加密与解密过程比较复杂,所以速度相对较慢,仅适用于少量数据的传输,对于大量数据的传输,非对称加密算法的效率比较低,会影响数据传输的速度与效率。

非对称加密算法的密钥生成与交换过程也比较复杂,因为它使用的是复杂的算法与数学理论,需要发送方与接收方都具备一定的数学与计算机知识,否则可能会出现密钥生成或交换的错误,导致数据无法解密。RSA(Rivest-Shamir-Adleman,以三位开发者姓氏开头字母命名的算法)与ECC(椭圆曲线加密)是常见的非对称加密算法。

(3)混合加密算法与哈希函数

混合加密算法是将对称加密算法与非对称加密算法结合起来使用,通常是使用非对称加密算法来交换密钥,然后使用对称加密算法进行数据的加密与解密操作,这样做可以兼顾对称加密算法的高效性与非对称加密算法的安全性。

哈希函数能够将任意长度的数据映射为固定长度的哈希值,通常用于验证数据的完整性与一致性,而不是加密数据本身。常见的哈希函数包括MD5(Message Digest Algorithm 5,消息摘要算法第5版)与SHA(Secure Hash Algorithm,安全哈希算法)系列。哈希函数具有不可逆的特性,同样的输入会产生相同的哈希值,不同的输入会产生不同的哈希值。

(4)加密与解密对计算机性能的影响

加密与解密过程对计算机系统的性能会产生一定的影响。特别是在大规模数据传输与实时通信中,加密过程可能导致网络延迟与响应时间增加。首先,加密与解密过程需要消耗计算资源。对于对称加密算法,加密与解密使用相同的密钥,速度较快,但仍然需要花费一定的计算时间;而非对称加密算法由于使用不同的公钥与私钥,因此加密与解密的过程相对较慢。其次,加密还涉及数据的分组与填充等操作,这些额外的步骤也会增加计算负担与处理时间。在传输大规模数据时,对计算机性能带来的影响更为显著,可以采取一些优化策略来减少性能影响,也可以选择合适的加密算法与密钥长度来平衡安全性与性能需求,还可以使用硬件加速器(如专用的加密芯片)提高加密与解密的速度。

3.1.2　密钥管理

密钥管理是数据加密的一个重要环节,安全地生成、存储与分发密钥是确保加密系统安全性的关键。密钥管理包括生成、存储、分发、更新与撤销密钥。密钥管理的目标是确保密钥的安全性与可用性,以保护加密与解密过程中的数据。

随机数生成器用于密钥的生成,要确保生成的密钥具有高度的随机性,强大的随机数生成算法可以提高密钥的复杂度,增加破解的难度。密钥的存储需要采取相应的安全措施,它应该以加密的方式存储在安全的介质中,只有被授权的人员才能访问密钥。还可以使用硬件安全模块等专门的安全设备来保护密钥的安全。在将密钥分发给相关方之前,应该验证接收者的身份,使用安全通道进行传输,以此来保证密钥传输的安全性,还要养成定期更新密钥的习惯,防止因长期使用同一密钥而导致出现潜在的风险。常见的密钥管理技术有密钥生成算法、密钥交换协议和密钥存储技术。

(1)密钥生成算法

密钥生成算法是指通过特定的算法生成用于加密和解密信息所需密钥的过程,通常涉及复杂的数学运算,一般是根据输入的安全参数(如密钥长度、随机种子等)生成难以预测的密钥。这些密钥可以是对称密钥,也可以是非对称密钥,它们在加密和解密过程中起到关键作用,确保了信息的机密性、完整性和认证性,即使信息在传输过程中被截获,也无法被未经授权的用户解密。

(2)密钥交换协议

密钥交换协议是指在网络通信中,双方通过安全的方式交换密钥,以确保通信过程中数据的安全性和保密性。密钥交换协议允许通信双方在不安全的信道上协商出一个共享的密钥,用于后续的加密通信。这个密钥的交换过程通常依赖于一些加密算法,如 Diffie-Hellman(DH,迪菲-赫尔曼)算法及其变种 Elliptic Curve Diffie-Hellman(ECDH,椭圆曲线迪菲-赫尔曼)算法和 Diffie-Hellman Ephemeral(DHE,临时迪菲-赫尔曼)算法等。通过密钥交换协议,通信双方可以确保只有授权的接收者能够解密和阅读传输的信息,从而保护数据的机密性、完整性和认证性。

下面简单介绍几个著名的密钥交换协议。

① DH 密钥交换协议。

DH 密钥交换协议是较早公开发布的密钥交换协议之一。它基于离散对数问题的难解性,允许双方通过非安全信道协商一个共同的秘密,而不需要事先分享任何秘密信息。但是,原始的 DH 密钥交换协议并不提供身份验证功能,容易受到中间人攻击(MITM)。因此,在实际应用中通常会结合数字签名等机制来核实通信双方的身份。

② ECDH 密钥交换协议。

ECDH 密钥交换协议是 DH 密钥交换协议的变种,它利用了椭圆曲线密码学(ECC)的优势。与传统的 DH 密钥交换协议相比,ECDH 密钥交换协议可以使用更短的密钥长度达到相同级别的安全性,从而提高了效率和性能。

③ DHE 密钥交换协议。

与 DH 密钥交换协议类似,不同的是每次会话都会生成新的密钥对,从而提高了前向保密性。计算量相对较大,但安全性较高。

④ ECDHE 密钥交换协议。

结合了 ECDH 密钥交换协议和 DHE 密钥交换协议的优点,既使用椭圆曲线密码学提高效率,又通过每次会话生成新密钥对来增强前向保密性。

(3)密钥存储技术

密钥存储技术是指安全地保存密钥的一系列方法和措施,对于确保加密系统的整体安全性至关重要。密钥存储时要保证密钥的机密性、完整性和认证性。通常使用以下几种方式保存密钥。

① 采用硬件加密设备加密密钥。硬件安全模块(Hardware Security Module,HSM)是一种专门用于安全存储密钥的硬件设备,它提供了物理和逻辑层面的安全保护。HSM 通过严格的访问控制和加密技术,确保只有经过授权的用户才能访问存储在其中的密钥。

② 采用软件加密密钥。这种方式可以防止密钥被复制、替换、修改或被无意写入不受保护的区域。密钥管理系统(Key Management Service,KMS)是

一款安全管理类服务软件,用于集中管理和存储密钥,提供了密钥的生成、分发、存储、更新和撤销等全生命周期管理功能,可以保护密钥的保密性、完整性和可用性,满足用户多应用、多业务的密钥管理需求。

③ 将密钥存储在加密的文件或数据库中。这种方式通过加密技术保护密钥文件或数据库中的密钥信息,防止未经授权的访问。加密的密钥文件或数据库需要定期进行备份和恢复测试,以确保在发生意外情况时能够迅速恢复密钥信息。

3.1.3 数据加密技术在安全领域中的作用

在当今信息安全领域中,数据加密技术起着十分重要的作用,应用于保护个人隐私数据、金融交易、数据通信和电子商务等多个领域,在计算机网络安全中具有重要的实践价值。使用数据加密技术后,即使数据在传输或存储过程中被攻击者获取,他们也无法通过解密获取原始的明文数据,而合法的使用者只需要正确的密钥即可解密并访问明文数据。使用对称加密与非对称加密等算法,可以确保数据在传输与存储过程中具有较高的安全性,虽然数据加密技术存在密钥管理等方面的局限性,但是可以采取适当的安全措施与优化措施来解决这些问题。为了更好地保护计算机网络中的数据,我们应该不断地改进并完善数据加密技术,提高网络整体的安全性。

合理的密钥管理与合适的加密算法以及应对密码破解攻击等问题在提高数据的安全性方面与数据加密技术同样重要,因此,在实施数据加密技术时需要全面考虑安全需求,确保数据的保密性与完整性。

另外,数据加密技术为数据汇聚提供了可验证的保障,一系列加密技术被广泛采用,常用的加密技术有多方安全计算、同态加密、秘密共享、承诺机制、零知识证明以及区块链等。多方安全计算和同态加密特别适用于多方数据聚合的场景,确保了在多用户密文上进行的操作能够准确映射到明文上的相应操作,在不泄露单个用户记录的前提下可以对数据整体进行有效操作。区块链是近年来较为热门的技术,其设计初衷与密码学技术本身使之可以广泛应用于很多隐私保护问题当中。

3.1.4 数据加密技术的安全性

数据加密技术的安全性直接依赖于所使用的加密算法的强度。如果加密算法被破解或者出现漏洞,攻击者可能成功突破加密保护然后访问敏感数据。为了确保数据加密的安全性,需要选择具有高强度且经过广泛验证的加密算法。此外,算法的密钥长度也直接影响到加密的安全性,较长的密钥长度意味着更大的密钥空间,增加了破解的难度,应根据实际需求选择合适的密钥长度来平衡安全性与性能。同时,为了降低算法被破解或漏洞被发现的风险,及时地更新与升级加密算法至关重要。密钥管理中的定期更换密钥的策略也可以提高加密的安全性。

基于加密的技术能够保障数据的可验证安全,但其在实际应用中仍受到诸多局限。加密操作有较高的计算复杂性,会产生较大的能耗,给资源有限的分布式感知设备造成了不小的负担。加密策略往往受限于特定的技术,面对多样化的数据和应用场景,可能需要频繁地调整或重新设计加密方案。此外,加密策略把重点放在了数据的机密性上,而非全面的隐私保护。具体而言,普通的信道加密主要确保数据传输过程中的机密性,以抵御窃听攻击,然而,一旦数据被解密并传递到后续的处理环节,被系统内部的不良操作员或第三方分析用户获得,用户的隐私仍可能暴露于风险之中。即使仅传输统计结果,用户的隐私在复杂的数据处理和分析系统中也难以得到全面保障。举例来说,通过比较不同用户群组的统计结果差异,攻击者可能推测出特定用户的敏感信息,这会使数据加密技术在隐私保护方面的应用效果大打折扣。

3.2 数据脱敏技术

数据脱敏技术是一种常见的隐私保护方法,是一种用于保护敏感数据的安全技术,通过对数据进行处理、移除与转换,使得敏感数据无法被直接关联到个人身份或敏感信息。数据脱敏的目的是在保留数据的可用性的同时,降低数据的敏感性,以减少数据泄露与滥用的风险。

在大数据场景下,企业通过对多来源、多类别数据的关联分析挖掘更多的数据价值,但多源数据相互关联的同时也突破了一些传统隐私保护技术的防线,使企业可以从原本匿名化的数据中获取能识别特定个人或特定价值的信息。美国最大的流媒体平台 Netflix 举办了一个预测算法的比赛(Netflix Prize),比赛要求根据公开数据推测用户的电影评分。Netflix 把数据中唯一能识别用户的信息抹去,认为这样就能保证用户的隐私。但是 2007 年来自得克萨斯大学奥斯汀分校的两位研究人员表示,通过关联 Netflix 公开的数据与互联网电影资料库(Internet Movie Database,IMDb)网站上公开的记录就能够识别出匿名用户的身份。三年后,Netflix 因为隐私泄露的原因宣布停止这项比赛,并因泄露隐私受到处罚,罚金高达 900 万美元。传统隐私保护中利用去标识、掩码等技术消除数据与个体之间关联的方法在大数据、多源数据关联分析场景下面临着失效的可能。在数据收集阶段,常常采用直接删除姓名、手机号码、身份证号码等方法快速实现隐私保护的效果,但攻击者仍然可以通过其他属性关联推断出数据主体的身份,只针对可直接识别个人的属性进行脱敏的方法面临隐私泄露风险。

3.2.1　*K*-匿名模型

在 1998 年的 PODS 国际会议上,Seweney 等提出了 *K*-匿名模型,它是最早也是最具影响力的隐私保护匿名模型。

K-匿名模型是指对数据进行泛化处理,使得有多条记录的准标识列属性值相同。这种准标识列属性值相同的行的集合被称为相等集,相同准标识符(QID)的所有记录被称为等价类,*K*-匿名模型要求对于任意一条记录,其所属的相等集内记录的数量不小于 *K*,至少有 *K*−1 条记录的标识列属性值与该条记录相同。当攻击者进行链接攻击时,对任意一条记录攻击的同时会关联到等价类中的其他 *K*−1 条记录,从而使攻击者无法确定用户的特定相关记录,从而保护了用户的隐私。

K-匿名模型实现了以下几点隐私保护:

① 攻击者无法知道攻击对象是否在公开的数据中。

② 攻击者无法确定给定的某个人是否具有某项敏感属性。

③ 攻击者无法找到某条数据对应的主体。

K-匿名模型在一定程度上避免了个人标识泄露,但仍然存在属性泄露的风险,攻击者可通过同质属性及背景知识两种攻击方式攻击用户的属性信息。在 *K*-匿名模型实施过程中,随着 *K* 值的增大,数据隐私保护增强,但数据的可用性随之降低。

3.2.2 抑制技术

抑制技术又称为隐藏技术,即抑制(隐藏)某些数据。具体的实现方法是将 QID 属性值从数据集中直接删除或者用诸如"*"等不确定的值来代替原来的属性值。采取这样的方式可以直接减少需要进行泛化的数据,从而降低泛化所带来的数据损失,保证相关统计特性达到相对比较好的匿名效果,以及数据在发布前后的一致性、真实性。抑制可分为 3 种方式:记录抑制、值抑制及单元抑制。其中,记录抑制是指将数据集中的某条记录进行抑制处理,值抑制是指将数据集中某个属性的值进行抑制处理,而单元抑制是指将数据集中某个属性的部分值进行抑制处理。

抑制技术的优点为泛化前使用可减少信息损失,缺点是不适合复杂场景,发布的数据量太少,会降低数据的真实性与可用性。

抑制技术使用注意事项如下:

① 抑制的数据太多时,数据的可用性将大大降低。

② 抑制是一种精粒度的泛化,泛化技术与抑制技术配合使用是达到较好匿名效果的一项重要举措。

3.2.3 泛化技术

泛化技术指的是从特定情境、实例或数据中抽象出共性、普遍性的概念或规律,用以描述更广阔范围的现象或问题。泛化技术可应用于位置隐私保护,例如将用户所在的位置模糊成一个包含用户位置的区域。

泛化技术通常将 QID 的属性用更抽象、概括的值或区间代替。泛化技术的实现较为简单。泛化分为全局泛化与局部泛化两类。全局泛化也称为域泛化,是将 QID 属性值从底层开始一层一层向上泛化,直至满足隐私保护要求时停止泛化。局部泛化也称为值泛化,是指将 QID 属性值从底层向上泛化,但可以泛化到不同层次。单元泛化及多维泛化是典型的局部泛化。单元泛化只对某个属性的一部分值泛化。局部泛化可以对多个属性的值同时泛化。

泛化技术的优点是不引入错误数据,方法简单,泛化后的数据适用性强,对数据的使用不需要很强的专业知识。其缺点是预定义泛化树没有统一标准,信息损失大,对不同类型数据的信息损失度量标准不同。

泛化技术使用注意事项如下：

① 泛化技术不适合连续数据发布。

② 泛化过程是一个耗时过程，计算并找到合适的泛化结果要以时间为代价。

③ 筛选及确认合适的泛化子集是工作难点，但也是工作重心。

④ 过度泛化会导致数据损失。

⑤ 要科学合理地使用全局泛化与局部泛化。

3.2.4 聚类技术

聚类技术是将数据集按照一定规则进行划分从而形成不同组，同一组中的对象彼此相似，它们构成一类，也称为簇，与其他组中的对象相异。当前聚类技术广泛使用的方法有 5 种：

① 基于层次的方法。它是根据数据类之间的相似程度，对不同的类采取合并或者分裂操作，直到完成所有数据集的聚类分配，具体又可分为"自底向上"与"自顶向下"两种方案。

② 基于划分的方法。它与基于层次的方法相似，不同之处在于基于划分的方法以样本与类原型之间的距离为基础，给定一个有 N 个元组或者记录的数据集，采用分裂法构造 K 个组，每一个组就代表一个聚类，$K<N$。

③ 基于密度的方法。它是针对一个给定的数据集，设定一个阈值，计算相邻片区的密度，只要此密度超过给定的阈值，就把该片区的元组归入此类。

④ 基于网格的方法。它是把一个元组空间划分成若干个如同网格一样的片区，在每一个片区进行聚类操作。

⑤ 基于模型的方法。它是给每一个聚类假定一个模型，然后去寻找能够很好满足这个模型的数据集。

3.2.5 其他技术

（1）数据交换技术

数据交换技术是指按照某种规则对数据集中的某些数据项进行交换，首先将原始数据集划分为不同的组，然后交换组内的敏感属性值，使得准标识符与敏感属性之间失去联系，以此来保护隐私。

（2）扰乱技术

扰乱技术是指在数据发布前通过加入噪声、引入随机因子及对私有向量进行线性变换等手段对敏感数据进行扰乱，以实现对原始数据改头换面的目的。这种处理方法可以快速地完成，但安全性较差，且以降低数据的精确性为代价，从而影响数据分析结果，一般仅能得到近似的计算结果。

（3）脱敏替换

脱敏替换是指将敏感数据替换为随机生成的令牌（token），将真实数据存储在安全的环境中，只保留一个对应关系表，将令牌与真实数据关联起来。这样，即使令牌泄露，也无法直接获取敏感数据。

（4）加密脱敏

加密脱敏是指对敏感数据应用先进的加密算法进行加密处理，仅有具备解密密钥的授权人员才能还原原始敏感数据，即使发生数据泄露的情况，未经授权的用户也无法直接获取到明文形式的数据。加密脱敏常用于需要在系统间传递敏感数据的场景。

（5）数据删除

对于一些不再需要的敏感数据可以采用直接删除的方法，避免数据被未授权人员访问。删除数据时需要确保数据已经做好了备份，防止数据被恢复或利用。

3.2.6　数据脱敏技术的注意事项

在运用数据脱敏技术时，需要注意以下事项。

（1）选择数据脱敏方法

要根据数据类型、应用场景和隐私要求选择适合的脱敏方法，不同的方法可能适用于不同类型的数据与不同的隐私需求。

（2）平衡安全性与可用性

在进行数据脱敏时，需要平衡数据的安全性与可用性，因为过度脱敏可能会导致数据不再具有足够的分析价值，而过少的脱敏则可能会出现敏感信息泄露的问题。

（3）合规性评估与监管

在使用数据脱敏技术时要遵守相关的法律法规,进行合规性评估与监管,特别是对于涉及个人隐私的数据,需要确保使用过程符合相关的隐私保护法规。

（4）效果评估与测试

在应用数据脱敏技术之前,应进行有效的效果评估与测试,确保所选用的脱敏方法能够满足数据的隐私保护需求,保留数据的合理可用性。

（5）管理与访问控制

在对数据实施数据脱敏后,需要对数据进行合理的管理与访问控制,只有获得授权的人员才能访问脱敏后的数据,并且需要确保数据在传输过程中具有足够的安全性。

（6）攻击的风险评估

尽管数据脱敏技术可以减少数据泄露的风险,但仍存在某些被攻击的风险,像同质属性攻击与背景知识攻击。在部署数据脱敏技术之前,应该对可能受到的攻击进行风险评估,采取相应的防护措施,尽量避免受到攻击。

数据脱敏技术是一种重要的隐私保护手段,可以降低敏感数据泄露的风险,同时我们应重视合规性、数据可用性、安全性以及对潜在攻击的风险评估,及时采取相应的措施来确保数据脱敏的有效实施。

3.3 访问控制技术

访问控制技术是用来管理与限制系统、网络、资源或信息的访问权限的技术,它的目标是确保只有经过授权的用户或实体才能够访问所需的资源,保护系统免受未经授权的访问、滥用或更改。

3.3.1 访问控制技术的相关概念

（1）访问控制技术的主要环节

传统的访问控制技术包括身份验证、授权与审计三个主要环节。身份验证是访问控制技术的第一道防线,通过确认用户的身份来保证只有合法用户才能访问系统或网络,常见的身份验证方法有密码、生物特征识别、双因素认证等。一旦用户通过了身份验证,接下来就需要对其进行授权,决定其能够访问的资源与执行的操作,授权机制通过访问策略与权限管理来控制用户的权限范围与访问级别。访问控制技术的最后一个环节是审计,这个环节是为了追踪与监控对系统、网络或资源的访问活动,通过审计可以建立日志记录、报告异常事件或检测潜在的安全威胁。

（2）访问控制技术的作用

访问控制技术的作用主要体现在数据保护、维护系统安全、满足合规性要求以及个人隐私保护几个方面。数据保护指的是访问控制技术能够保护敏感数据免受未经授权的访问与利用,通过制定适当的访问策略与权限管理,可以保护数据的机密性与完整性,防止数据泄露或被篡改。访问控制技术对于维护系统安全十分重要,精细管理用户的访问权限与操作权限显著降低了系统遭受非法用户恶意攻击的风险。对于许多组织与企业来说,合规性是非常重要的,合规性要求组织与企业实施有效的访问控制措施,确保对敏感信息、资源的访问与使用符合法规政策的要求。随着敏感个人信息在互联网上的增加,个人隐私保护成为人们关注的焦点,访问控制技术可以帮助人们保护其私人数据,防止被未经授权的人访问与利用。

（3）访问控制技术的现实应用

访问控制技术在保护数据资源的安全性与完整性方面起着重要作用,合理设置与配置访问控制措施,可以确保只有授权用户拥有适当的访问权限,减少未经授权产生的访问风险。企业普遍实施严密的访问控制策略与权限管理机制来确保只有获得明确授权的员工才有资格使用企业的各类资源,从而减少内部威胁,提高敏感信息的保密性。随着云计算的普及,访问控制技术在云环境中起着尤为重要的作用,云服务提供商使用访问控制技术来管理多租户环境中的资源数据,以保护客户的隐私与数据安全。物联网设备的增加给网络安全带来了新的挑战,利用访问控制技术来限制对物联网设备的访问,可以降低设备被滥用与被攻击的风险。移动应用程序通常涉及用户的个人数据与隐私信息,访问控制技术可以帮助移动应用程序实现用户认证与授权,以保护用户数据的安全与隐私。目前典型的访问控制模型有基于属性的访问控制（Attribute-based Access Control，ABAC）模型、基于角色的访问控制（Role-based Access Control，RBAC）模型、基于行为的访问控制（Behavior-based Access Control，BBAC）模型以及基于任务的访问控制（Task-based Access Control，TBAC）模型。

3.3.2　基于属性的访问控制模型

基于属性的访问控制模型通过评估实体属性、实体操作类型与访问的网络环境确定主体是否有权限访问相关的资源。

基于属性的访问控制模型常见的应用包括身份认证、强化访问控制技术、安全策略与访问控制策略、双因素认证等。

身份认证是确定用户或系统是不是其所声称的实体的过程。常见的身份认证方式包括使用用户名与密码、PIN 码、指纹识别、智能卡或证书等。

强化访问控制技术用于实际限制与执行访问策略，可以通过多种方式实现，例如：强制访问控制机制，根据设定的级别对资源进行标记与访问控制。

安全策略与访问控制策略是指定义并实施访问控制规则与规范的关键元素，这些策略定义了用户访问级别、资源分类、权限分配与访问规则等，确保其符合组织或系统的安全要求。

双因素认证是指在身份认证过程中使用两种不同类型的认证方式来增加访问的安全性，常见的双因素认证方式有密码与动态口令结合使用、指纹与短信验证码结合使用等。

3.3.3　基于角色的访问控制模型

基于角色的访问控制模型利用角色来控制用户的访问权限，从而大大降低了海量用户权限管理的复杂度。

3.3.4　基于行为的访问控制模型

基于行为的访问控制模型是指通过角色、环境状态、时态等一系列因素确定主体是否有权限访问相关的资源。它是一种动态灵活的访问控制方法，可以根据用户的行为特征与需求来调整访问控制策略，提高系统的安全性与适应性。基于行为的访问控制模型强调用户在访问过程中的行为特征，这种模型通过对用户行为进行监控与分析，实现对资源的动态访问控制。它能够更好地适应云计算环境,因为云计算环境中的用户行为具有动态性与不确定性,通过对用户行为进行分析,可以发现异常行为,及时阻止潜在的安全威胁。

在基于行为的访问控制模型中,"行为"指的是角色在某种环境下某段时间内实现某个功能所需权限集合的描述,涉及用户启动会话并获得权限时所需的角色、时态与环境信息。该模型使用这些信息分析与控制用户的访问行为,以确保系统的安全性与数据的完整性。

3.3.5 基于任务的访问控制模型

基于任务的访问控制模型是一种从应用和企业整体出发系统地解决安全问题的模型。该模型根据任务在系统中的工作进行用户权限的动态控制,以面向任务的观点建立安全模型并实现安全机制,强调在任务处理的过程中提供动态实时的安全管理。

在基于任务的访问控制模型中,客体的访问控制权限并不是静止不变的,而是随着执行任务的上下文环境的变化而变化。这种模型特别适用于工作流环境,因为在这种环境中,处理数据的每一步都与先前的操作紧密相关,相应的访问控制策略也需要随之变化。

基于任务的访问控制模型需要考虑工作流环境中信息的保护问题,因此它是一种上下文相关的访问控制模型。

基于任务的访问控制模型不仅能为多样化的工作流定制差异化的访问控制策略,而且能在同一工作流内不同任务的实例间实行有差异的访问控制策略,因此它也是一种基于实例的访问控制模型。

该模型的缺点是没有将角色与任务清楚地分离开来,也不支持角色的层次等级。此外,该模型不支持被动访问控制,需要与基于角色的访问控制模型结合使用。

3.4 匿名化技术

为了避免用户身份被识别,研究者们在隐私保护研究的早期阶段广泛采用了基于匿名的方法,聚焦于静态数据库。K-匿名模型尤为常见,它通过泛化准标识符将数据记录分组为多个等价类,每个等价类至少包含 K 条记录,将单条记录被识别的概率降低至小于 $1/K$。不过,K-匿名性不能确保等价类内记录的多样性,可能导致不同等价类间出现显著的区别,攻击者有可能利用准标识符推断出目标对象的特定属性,从而导致用户隐私泄露。为了克服这一缺陷,研究者提出了 L-多样性(L-diversity)模型,要求每个准标识符组中的敏感属性至少具有 L 个不同的代表性取值。然而,L-多样性模型在面对偏斜攻击时仍表现出不足,所以,研究者进一步提出了 T-邻近性(T-closeness)匿名隐私保护模型,该模型要求每个准标识符组中的敏感属性分布与整个数据集中敏感属性的总体分布相近,显著增强了隐私保护的效果。

匿名化技术主要适用于那些参与者数量有限、数据受到传统访问控制机制保护的封闭环境,如电子医疗领域中严格的生理信息监测场景。然而,在大型数据共享场景中,匿名化技术的隐私保护能力受到严峻的挑战。研究显示,攻击者可以利用其背景知识对匿名化后的数据集进行关联分析,即"链接攻击",这种攻击方式能够精准识别出用户的身份,严重威胁用户的隐私安全。研究已经证实,在大规模数据集中,攻击者可以有效地实施反匿名化和链接攻击。特别是在智能感知系统这样的大数据环境中,数据属性维度急剧增加,普通的匿名策略受到链接攻击的可能性呈指数级增长。

第四章

个人隐私数据保护的
管理机制

随着信息技术的不断发展与普及,个人隐私数据的保护问题日益引起人们的关注。个人隐私数据的泄露与滥用不仅会导致个人权益受损,还会对社会稳定与经济发展造成不利影响。因此,建立健全个人隐私数据保护的管理机制势在必行。

4.1 组织架构与政策制度

在信息时代,个人隐私数据的保护问题日益凸显。下面从组织架构与政策制度角度出发,探讨建立健全个人隐私数据保护的管理机制的重要性与可行性。

4.1.1 相关措施

通过建立严格的架构与政策制度来保护个人隐私数据,可以应对当前个人隐私数据面临的挑战与风险,具体措施包括,在组织架构中设立专门的隐私保护部门或委员会,明确相关管理人员的职责与权限,制定严格的个人隐私数据保护政策,建立有效的数据访问控制机制与监督审查制度等。同时应该加强员工的隐私保护意识培训,建立内部监督机制等,以期为构建个人隐私数据保护机制提供参考与借鉴。

（1）建立健全的组织架构

为了有效地保护个人隐私数据,政府要建立健全的组织架构。政府应设立专门的隐私保护部门或委员会,负责个人隐私数据的管理与保护工作。该部门或委员会的成员应包括隐私保护专家与技术人员,他们应具备专业的知识与技能,能够有效地应对各类隐私保护问题。政府还要明确相关管理人员的职责与权限,建立健全管理体系,各级管理人员应加强对个人隐私数据保护工作的领导与监督,确保相关政策制度的贯彻执行。此外,政府还应建立跨部门的协作机制,加强信息共享与沟通,形成合力,共同推动个人隐私数据保护工作的开展。

组织架构需要包括从高级管理层到基层执行者等各个层级,涵盖政府、行业组织、法律与技术等多个方面。政府应设立专门的管理机构,负责监管与执行与个人隐私数据保护相关的法律法规。这些管理机构应对企事业单位提供个人隐私数据保护指导,制定隐私保护标准,进行执法,确保各单位遵守隐私保护的规定。行业要建立自律组织来促进隐私保护的实践,自律组织可以提供最佳实践建议,制定行业标准与规范,推动组织间的合作。各企事业单位内部应安排专人负责监督与管理个人隐私数据保护工作,审查单位内部的个人隐私数据保护政策与流程,确保它们符合法律法规的要求。

不容忽视的是完善的法律法规体系,它是个人隐私数据保护的基础,这些法律法规应明确组织与个人在隐私保护方面的权利与义务,以及违反规定时需要承担的法律后果,同时应定期进行隐私风险评估来识别与处理潜在的隐私风险。其中风险评估应涵盖组织内部的流程、技术与人员,还有外部的威胁与漏洞。

（2）制定严格的政策制度

除了建立健全的组织架构,个人隐私数据的保护还应制定严格的政策制度。首先,应制定个人隐私数据保护政策,明确数据收集、处理、存储与共享的规范。政策应包括数据使用的目的与范围、数据访问控制的要求、数据安全保护的措施等内容,确保个人隐私数据的合法使用与安全保护。其次,应建立有效的数据访问控制机制,严格控制个人隐私数据的访问权限。只有获得授权的人员才能访问与使用个人隐私数据,确保数据的机密性与完整性。最后,应建立监督审查制度,定期对个人隐私数据的使用情况进行审查与监督,及时发现与纠正问题,确保数据的合规性与安全性。

（3）加强员工培训

为进一步加强对个人隐私数据的保护,企事业单位要加强员工培训,提高员工的隐私保护意识。定期开展有关员工隐私保护意识的培训,使员工了解个人隐私数据的重要性与保护方法,掌握相关的政策与制度,提高防范意识与应对能力。培训内容包括个人隐私数据的定义与分类、有关数据保护的政策与规定、个人隐私数据泄露与滥用的危害、数据安全保护的方法与技巧、以及实际案例分析与应对策略等。建立健全内部监督机制,加强对员工行为的监督与检查,确保员工严格遵守相关规定与制度,不擅自访问或者使用个人隐私数据,同时,还要鼓励员工积极参与个人隐私数据的保护工作,建立员工参与的机制与激励措施,形成全员参与、共同维护个人隐私数据安全的良好氛围。

4.1.2　需要考虑的问题

在隐私保护组织架构的建设过程中,提升管理效率与隐私保护成效还需考虑以下几个问题。

① 如何在现有组织架构中更好地融入隐私保护职能,调整组织架构,使其更加适应快速变化的隐私保护需求。

② 如何确保个人隐私数据保护政策得到有效的执行,政府部门进行有效持续监督,当政策执行出现问题时及时进行调整与改进。

③ 如何加强跨部门协作,实现隐私保护信息共享,提高整体隐私保护效率。分析在跨部门协作中可能遇到的障碍,并提出解决方案。

④ 如何设计评估体系,用于衡量员工隐私保护培训的效果,并确定是否需要调整培训内容或方式。分析员工隐私保护意识提升与组织隐私保护能力之间的关系。

⑤ 如何确保个人隐私数据保护政策与技术发展保持同步,及时应对新技术带来的隐私保护挑战。分析技术发展对个人隐私数据保护政策制定的影响,并提出相应的策略建议。

⑥ 如何建立激励机制,鼓励员工积极参与到个人隐私数据的保护工作中,形成组织内部的隐私保护文化。分析隐私保护文化对组织长远发展的影响。

建立健全个人隐私数据保护的管理机制对于维护个人隐私权益与促进信息安全至关重要。要想建立有效的个人隐私数据保护的管理机制,还需要进一步加强相关法律法规的制定与执行,加强国际合作与信息共享,共同应对个人隐私数据保护面临的新挑战、新风险。随着技术的不断发展与社会的不断进步,未来的个人隐私数据保护工作将面临更加复杂的形势与更加严峻的挑战,需要不断改进并完善个人隐私数据保护机制,保护好每个人的隐私权益,维护信息社会的和谐与稳定。

4.2　人员管理

个人隐私数据保护是当今社会信息化进程中的一个重要议题。随着互联网技术的广泛普及与信息技术的迅猛进步,个人隐私数据的安全问题愈发凸显,泄露与滥用问题层出不穷,给个人权益与社会稳定带来了严峻挑战。因此,建立个人隐私数据保护机制成为必须面对的重要任务之一。而人员管理作为保障个人隐私数据安全的重要环节,发挥着至关重要的作用。下面从人员管理的角度出发,探讨如何通过建立健全人员管理制度加强个人隐私数据的保护。

本书针对当前个人隐私数据保护面临的挑战,提出了一系列可行的人员管理策略,包括人员招聘与培训、员工激励与惩罚、内部监督等方面。通过这些措施,希望能够为组织构建更为有效的个人隐私数据保护机制提供参考与借鉴。

4.2.1　个人隐私数据保护的挑战与困境

个人隐私数据保护面临着诸多挑战与困境。首先,随着信息技术的不断发展与普及,个人隐私数据的获取与传播变得更加容易,导致个人隐私数据泄露的风险大大增加。其次,个人隐私数据的滥用现象普遍存在,一些组织或个人在未经授权的情况下,将个人隐私数据用于商业目的或其他非法用途,侵犯了个人的隐私权益。最后,个人隐私数据的安全防护措施相对薄弱,容易遭受黑客攻击与信息窃取。综上所述,个人隐私数据保护面临着多方面的挑战与困境,需要采取有效措施加以解决。

4.2.2 相关措施

(1)人员招聘与培训

为加强个人隐私数据的保护,企事业单位应从人员招聘与培训方面入手。首先,在人员招聘时,应确保招聘到的员工具备良好的职业道德与专业素养。他们应具有良好的隐私保护意识与责任心,能够在工作中严格遵守相关的数据保护法律法规与组织制度。其次,员工在入职后,应接受系统的个人隐私数据保护培训。培训内容包括但不限于数据的安全性与合规性。

(2)员工激励与惩罚

进一步强化个人隐私数据的保护需要企事业单位建立相应的员工激励与惩罚机制,应给予遵守个人隐私数据保护政策与制度并且积极参与培训的员工适当的奖励与表彰,例如升职、发放奖金或奖状等。这样可以激励员工主动学习,督促员工遵守相关规定,增强其对个人隐私数据保护工作的积极性与责任感。对于违反个人隐私数据保护规定、滥用或泄露数据的员工,应对其进行严肃处理,给予相应的纪律处分,甚至解除劳动合同。惩戒违规行为可以有效震慑其他员工,维护组织的权益与个人隐私数据的安全。

(3)内部监督

企事业单位应建立健全内部监督机制,确保个人隐私数据保护机制的有效实施。可以定期对员工的数据处理行为进行检查与审核,发现并及时纠正违规行为,同时建立匿名举报制度,鼓励员工发现并报告个人隐私数据泄露或滥用行为。通过内部监督机制,可以有效地发现与防范各类个人隐私数据保护问题,保障个人隐私数据的安全性与合法性。

4.2.3 需要考虑的问题

在个人隐私数据保护的人员管理中,需要考虑以下几个问题。

① 在招聘过程中如何评估候选人的隐私保护意识。设计一种评估方法,用于在招聘过程中识别候选人的隐私保护意识与能力,帮助企事业单位在招

聘阶段就筛选出具备隐私保护素养的候选人。

②如何通过持续培训提升员工的隐私保护能力。设计一个持续的员工隐私保护培训计划,确保其与时俱进,覆盖最新的隐私保护技术与法规,并评估这种持续培训对提升员工隐私保护能力的影响。

③如何实现激励与惩罚机制的平衡。讨论如何平衡隐私保护相关的激励与惩罚机制,确保既鼓励员工遵守规定,又不至于过分压制员工的积极性。分析不同情境下,何种激励或惩罚策略更为有效。

④如何通过内部监督机制提升隐私保护文化。分析内部监督机制如何促进隐私保护文化的形成与发展,讨论如何通过内部监督机制提高员工对个人隐私保护的重视与参与度。

⑤有关隐私保护团队建设与协作的问题。设计隐私保护团队的组织结构可以明确各成员的角色与职责。分析如何促进团队内部的有效沟通与协作,从而提升整个组织的隐私保护能力。

⑥有关员工隐私保护行为的数据分析与改进的问题。设计一个数据分析框架,用于收集与分析员工在隐私保护方面的行为数据,根据数据分析结果,提出改进措施,进一步提升员工的隐私保护意识与能力。

总之,个人隐私数据保护是一项复杂而重要的工作,需要各个方面的共同努力。从人员管理的角度出发,建立健全个人隐私数据保护的管理机制至关重要。通过加强人员招聘与培训、员工激励与惩罚、内部监督等措施,可以有效提升组织内部员工对个人隐私数据保护的意识与能力,加强对个人隐私数据的保护工作。

4.3　物理环境安全

物理环境安全是确保个人隐私数据安全的第一道防线,也是个人隐私数据保护管理机制的重要组成部分。保证物理环境安全的主要工作是对存储与处理个人隐私数据的物理设施进行安全管理,目的是利用一系列技术手段与管理措施,防止出现未经授权的数据访问、破坏与盗窃行为,确保个人隐私数据的机密性、完整性和可用性。物理环境安全是个人隐私数据保护管理机制中不可或缺的一部分,加强物理环境安全的管理与培训可以有效保护个人隐私数据的安全,维护个人与社会的利益。

4.3.1 相关措施

我们需要采取一系列措施来实现物理环境安全,比如限制物理访问、实施身份验证、安装监控摄像头、设置警报系统,这些措施能够有效降低个人隐私数据泄露或滥用的风险,保护个人隐私的安全。同时,还需要加强物理环境安全的政策体系建设与培训。

（1）**访问控制**

① 物理访问的限制。

确保只有得到授权的人员才能够访问存储个人隐私数据的物理场所与设备,包括数据中心、服务器房间、存储柜等。

② 身份验证。

实施强制的身份验证措施,如使用门禁卡、生物识别技术（如指纹或面部识别）等,以确保只有经过授权的人员才可以进入关键区域。

③ 定期审计与复查。

除了初始的身份验证与授权外,还应定期对这些授权进行审计与复查。这样可以检查授权访问的人员是否仍然符合访问条件,以便及时发现与撤销不再符合条件的人员的访问权限。此外,对于临时或紧急情况下的授权访问,也应建立相应的管理机制与审批流程。

（2）**监控与警报**

① 安装监控摄像头。

在关键区域安装监控摄像头,用来监视与记录任何未经授权的访问行为。

② 设置警报系统。

设置警报系统,以便在发生未经授权的访问或物理破坏时立即发出警报。

③ 定期测试与维护。

要定期对监控与警报系统进行测试与维护,确保设备能够正常工作,定期检查摄像头的运行状态,确保录像存储的完整性,检测警报系统的响应速度,还应定期对监控布局进行审查与调整,使其适应数据中心或服务器房间的物理布局与安保需求的变化。

（3）设备与设施安全

① 设备加固。

确保存储与处理个人隐私数据的设备（如服务器、存储设备）在物理上得到加固，以防止未经授权的访问或破坏。

② 环境控制。

保持数据中心与服务器房间等数据存储环境稳定，包括温度、湿度、灰尘等，以确保设备的正常运行与数据的安全性。

（4）灾害恢复与备份

① 备份策略。

定期备份存储个人隐私数据，以防止数据丢失或损坏。

② 灾害恢复计划。

制订详细的灾害恢复计划，以便在发生自然灾害、设备故障等不可预见事件时，能够迅速恢复数据中心的正常运行。

（5）物理安全政策与培训

① 制定政策。

制定明确的物理安全政策，明确员工与管理人员在物理环境安全方面的职责与期望。

② 培训与教育。

定期对员工进行物理安全培训与教育，提高他们对物理环境安全重要性的认识，并教他们如何在日常工作中采取物理安全措施。

4.3.2　需要考虑的问题

在个人隐私数据保护的物理环境安全管理中，需要考虑以下几个问题。

① 技术创新如何应用到物理环境安全管理中。分析如何利用最新的技术（如人工智能、物联网、量子计算等）增强物理环境的安全性，在引入新技术时如何确保它们不会带来新的安全漏洞。

② 物理环境如何与网络安全融合。分析当物理环境安全与网络安全相互融合时，如何实现一个有效的综合安全策略。

③ 人员管理在物理安全中角色的问题。分析人为因素(如疏忽、内部欺诈、误操作等)对物理环境安全的影响,同时提出一种培训或激励机制,以增强员工对物理安全的认识与承诺。

④ 应急响应与灾害恢复的问题。通过设计一个针对物理环境安全的应急响应计划,包括预防、检测、响应与恢复等各阶段的计划,确保该计划在实际危机中能够迅速、有效地执行。

⑤ 隐私保护与物理安全的问题。分析在加强物理环境安全时如何平衡个人隐私与数据保护的需求,然后提出一种策略,在保护个人隐私的同时确保物理环境的安全。

实现物理环境安全需要采取多种措施,如限制物理访问、实施身份验证、安装监控摄像头与设置警报系统,这些措施共同降低了个人隐私数据泄露或滥用的风险。同时,也要制定明确的物理安全政策并定期对员工进行培训,增强员工的物理安全意识,提高整个组织的物理安全能力。物理环境安全在保护个人隐私数据方面发挥着不可或缺的作用,加强物理环境安全的管理与培训,能够有效地保护个人隐私数据的安全,维护个人与社会的利益。

（4.4） 风险管理

在数字化时代,信息技术飞速发展,个人隐私数据面临着前所未有的泄露与滥用风险,我们不得不重视个人隐私数据的保护,建立有效的个人隐私数据保护管理机制势在必行。风险管理对于个人隐私数据保护管理机制来说非常重要,对于降低隐私泄露风险、保障数据安全具有重要意义。风险管理是指通过识别、评估风险并对风险进行监控与应对,确保个人隐私数据在收集、存储、处理与传输过程中得到妥善保护。

引入风险管理理念可以更加系统地分析个人隐私数据面临的潜在威胁,评估各种风险的影响程度,采取相应的防范措施,而且风险管理对建立持续改进的机制也有帮助,我们要不断完善个人隐私数据保护措施来应对不断变化的安全威胁。

4.4.1　风险管理的具体内容

风险管理是个人隐私数据保护管理机制中的一个核心环节,它的工作是识别风险然后对风险进行评估,监控并应对与个人隐私数据相关的风险。以下是关于个人隐私数据保护管理机制中风险管理的详细讨论。

（1）风险识别

实施风险管理的第一步是识别个人隐私数据保护中可能存在的风险源,识别出可能威胁个人隐私数据的各种风险可以为后续的风险管理提供明确的方向,物理风险(如设备失窃、自然灾害)、技术风险(如数据泄露、黑客攻击)、人为风险(如内部人员滥用权限)等都是常见的风险,还有网络攻击、数据误用、系统漏洞等。接下来的步骤是评估风险的影响,分析这些风险对个人隐私数据安全与完整性的影响,确定风险的严重性与可能性。

（2）风险评估

识别出风险源后要对其可能造成的危害进行评估,确定风险等级。风险评估需要考虑风险发生的概率、风险影响的范围以及潜在的损害程度等因素。使用定量与定性评估的方法对识别出的风险进行优先级排序,确定哪些风险需要立即处理,哪些风险可以稍后解决。对风险等级做出准确的评估可以为制定风险策略提供科学依据,根据风险评估的结果,制定相应的风险策略,从而降低风险对个人隐私数据安全的潜在威胁。风险策略应包括预防策略、应急响应策略以及事后处理策略等。预防策略旨在降低风险发生的概率,应急响应策略用于在风险发生时迅速应对,事后处理策略则侧重风险发生后的恢复与补救。

（3）风险监控

实施持续的风险监控,定期检查与评估个人隐私数据保护措施的有效性,从而及时发现与处理新出现的风险。定期向相关管理层与利益相关者报告风险管理情况,确保信息透明与及时沟通。定期审查更新是个人隐私数据保护风险管理的重要环节。个人应定期检查并更新个人隐私保护设置,确保各项保护措施的有效性。同时,企业与组织也应定期评估风险管理策略的有效性,根据新的技术与风险进行动态调整与更新。

（4）风险应对

制订应急响应计划可以应对个人隐私数据泄露或其他安全事件,确保在发生安全事件时能够迅速有效地响应,减轻安全事件造成的损失。我们要从风险事件中吸取教训,持续改进个人隐私数据的保护措施,提高风险管理水平。

（5）风险管理政策与培训

风险管理政策明确了风险管理在个人隐私数据保护管理机制中的地位与作用,规定了风险管理流程与责任分配。风险管理要求企业定期对员工进行风险管理培训教育,提高他们对风险管理重要性的认识,教他们如何在日常工作中实施风险管理。

4.4.2　需要考虑的问题

在个人隐私数据保护的风险管理中,需要考虑以下几个问题。

① 在个人隐私数据保护中实施风险管理所面临的挑战与机遇的问题,分析如何平衡风险管理与用户体验之间的关系。

② 风险量化与定性分析的问题。选择一种方法,用于量化个人隐私数据泄露的风险。讨论定性分析在风险管理中的作用,并举例说明其应用场景。

③ 风险监控与动态调整的问题。通过风险监控机制,实时监测与响应个人隐私数据保护中的风险。讨论如何根据风险变化动态调整风险管理策略。

④ 风险管理与组织文化的问题。分析组织文化对风险管理实施的影响,并提出一种策略,将风险管理理念融入组织文化中。

⑤ 风险管理与合规性的问题。讨论在遵守相关法律法规的前提下,如何有效实施风险管理。分析合规性要求对风险管理流程的影响,并提出相应的应对措施。

⑥ 风险管理技术创新的问题。探讨新兴技术(如人工智能、区块链等)在风险管理中的应用及其潜力。分析这些技术创新如何提升风险管理的效率与准确性。

实施有效的风险管理是确保个人隐私数据安全的关键。企事业单位需要全面识别与评估与个人隐私数据相关的风险,包括外部攻击、内部泄露等。随后,通过实施加密、访问控制等安全技术措施,以及定期的安全审计与应急响应计划,来应对与降低这些风险。风险管理是一个持续的过程,需要随技术发展不断更新。同时,对员工进行培训,提高员工的隐私保护意识也至关重要。此外,企事业单位必须遵守法律法规,确保数据处理合法合规。通过这些策略,组织能够有效保护个人隐私数据,维护声誉,实现可持续发展,同时赢得社会的信任与支持。

第五章

个人隐私数据保护的
应用与实践

5.1　企业层面的应用与实践

5.1.1　个人隐私数据保护对企业的重要性

随着信息技术的飞速发展，个人隐私数据保护已经成为企业不可忽视的重要议题。在这个数字化、网络化的时代，企业需要处理大量的用户数据，这些数据包括个人信息、交易记录、偏好设置等，它们构成了企业运营与发展的核心资源。然而，这些数据的处理与利用往往涉及用户的隐私权益，因此，企业需要在追求商业利益的同时，充分保护用户的隐私数据。

企业层面的个人隐私数据保护不仅是一项法律义务，而且是维护用户信任、提升品牌形象、实现可持续发展的关键。明智的企业始终把用户作为企业的核心资源，把用户利益的维护作为企业的核心价值。通过加强个人隐私数据保护，企业可以建立起与用户的信任关系，提升用户对企业的忠诚度与满意度，从而为企业的长期发展奠定坚实的基础。

5.1.2　企业层面个人隐私数据保护的技术实践

随着信息技术的不断发展，企业在处理个人隐私数据方面面临的挑战日益严峻。为了保护个人隐私，企业需要采取一系列技术实践，包括数据加密、访问控制、隐私政策制定、匿名化处理、安全审计、隐私保护算法、员工培训与教育以及合规性检查等。

（1）**数据加密**

数据加密是保护个人隐私的重要手段，使用加密算法，企业可以将敏感数据转换为无法直接阅读的乱码，只有在解密后才能恢复原始数据，这样可以有效防止未经授权的访问与数据泄露。

（2）**访问控制**

访问控制是指利用一定的技术手段，限制特定用户对特定数据的访问权限。企业可以通过设定角色权限与访问级别的方式，实现精细化的访问控制，确保只有得到授权的用户才能访问敏感数据。

（3）**隐私政策制定**

制定隐私政策是企业保护个人隐私的必要步骤。隐私政策应明确说明企业收集、使用、存储与共享个人数据的规则，以及用户的权利与保障措施。通过实施公开透明的隐私政策，企业可以增强用户对隐私保护的信任。

（4）**匿名化处理**

匿名化处理是指将个人数据中的身份信息去除或替换，使其无法与特定个体关联。这种处理方式可以有效降低数据泄露带来的风险，同时保持数据的可用性。

（5）**安全审计**

安全审计是对企业隐私保护措施的有效性进行检查与评估的过程。通过定期的安全审计，企业可以发现潜在的安全隐患，及时采取补救措施，确保个人隐私数据的安全。

（6）**隐私保护算法**

隐私保护算法是专门用于保护个人隐私的算法技术，差分隐私算法是一种比较典型的隐私保护算法，它可以通过添加噪声来保护数据的隐私性，而 $K-$ 匿名算法是通过对数据进行分组来隐藏个体的身份信息。企业可以根据实际需求选择合适的隐私保护算法。

（7）员工培训与教育

员工培训与教育对提高企业隐私保护意识十分关键,企业要定期为员工提供隐私保护相关的培训与教育,使员工了解隐私保护的重要性,掌握正确的数据处理与保护方法。

（8）合规性检查

合规性检查是确保企业隐私保护实践符合相关法律法规与标准的过程。企业应定期进行合规性检查,以确保其隐私保护措施符合国家与地区的法律法规要求,避免因违反规定而面临法律风险。

5.1.3 个人隐私数据保护技术实践案例

许多领先的企业已经在个人隐私数据保护方面开始了积极的探索与实践,以下是一些具体的企业实践案例。

案例一 苹果公司的差分隐私技术

苹果公司在其产品与服务中广泛采用了差分隐私技术。差分隐私技术是一种通过添加噪声来混淆原始数据的统计学方法,使攻击者难以从数据中推断出特定个体的信息。苹果公司在收集、使用用户数据时,会先对这些数据进行差分隐私处理,然后再用于分析或推荐。在位置服务中,苹果公司会收集用户的位置数据,但会利用差分隐私技术先对这些数据进行处理,确保用户的位置隐私不会泄露。这种技术不仅保护了用户的隐私,而且提高了数据分析的准确性与可靠性。

案例二 谷歌的隐私沙箱计划

谷歌推出了隐私沙箱计划,可以提供更加安全的广告投放服务,该计划的目的是通过限制广告追踪与数据收集保护用户的隐私。在隐私沙箱计划中,谷歌采用了多种技术手段来限制广告追踪的范围与精度,同时提供了更加透明的数据收集与使用方式,不仅保护了用户的隐私,还促进了广告行业的可持续发展。

案例三 微软的隐私保护工具

微软提供的一系列隐私保护工具可以帮助用户更好地管理自己的数据,

其中有数据管理工具与隐私设置选项等,可以帮助用户了解哪些数据被收集、如何使用以及如何分享。用户可以利用这些工具更加主动地保护自己的隐私数据,享受到更加个性化、更加安全的服务。

案例四　腾讯公司的加密技术及隐私保护工具箱

腾讯公司是中国著名的互联网企业之一,也是个人隐私数据的重要收集者与使用者。腾讯公司于 2014 年成立了专业的数据隐私合规团队,是国内较早进行数据合规探索的互联网企业。该公司于 2018 年发布了《腾讯隐私保护白皮书》,对外界公开了其在数据隐私保护方面的方法论、技术投入和具体实践。

腾讯公司在社交通信应用程序微信与 QQ 中使用了端到端加密技术,使用户可以安全地发送和接收文字、语音、图片、视频等信息,防止他人窃取或篡改。这些技术为用户提供了更私密、更安全的沟通方式,让用户可以更自由、更放心地分享自己的想法与感受。

腾讯公司在其游戏平台与应用程序中使用了隐私保护工具箱,使用户可以在使用游戏服务时,自由地调整自己的隐私设置,例如,是否允许游戏访问自己的位置、通讯录、相册,是否显示自己的真实姓名、手机号码和头像,是否接受来自其他用户的好友请求与游戏邀请,这些技术为用户提供了更灵活、更个性化的游戏体验,让用户可以更舒适、愉快地享受游戏的乐趣。

5.1.4　个人隐私数据保护的管理策略

除了技术应用与实践外,企业还需要从内部管理与政策层面来加强个人隐私数据保护。以下是一些企业在内部管理与政策方面的实践与措施。

（1）明确个人信息收集的范围

许多企业在收集个人信息时会明确评估其服务所需的个人信息范围。比如一家社交媒体平台在注册时只要求用户提供用户名、电子邮箱地址和密码等必要的个人信息,而不收集与服务无关的敏感信息,这种做法符合法律法规的要求,也提高了用户的信任度与满意度。

（2）加强技术防护措施

企业会采取一系列技术防护措施来保障个人隐私数据的安全。比如一家在线支付公司采用先进的加密技术保护用户的支付信息,同时建立了严格的安全审计机制监测、应对潜在的安全风险。这些措施有效地保护了用户的隐私数据。

（3）建立完善的内部管理制度

许多企业会建立完善的内部管理制度与流程来确保个人隐私数据的安全性与完整性。比如一家大型互联网公司设立了专门的数据保护部门,负责监控管理个人数据的收集、存储与使用情况,同时还制定了详细的数据保护政策与培训计划来提高员工的隐私保护意识与能力。

5.1.5 企业实施个人隐私数据保护的建议

企业在实施中可以采纳以下建议以更好地保护用户的隐私数据。

① 企业应持续投入研发,探索更加先进、高效的个人隐私数据保护技术,像差分隐私与联邦学习技术可以在保护用户隐私的同时提高数据分析的准确性与可靠性。

② 企业需要建立完善的内部管理制度与流程来确保个人隐私数据的安全性与完整性。企业需要明确各部门与人员的职责与权限,建立严格的数据访问控制机制,以及定期开展安全审计与风险评估等。

③ 企业还应加强对用户的教育,提高用户对个人隐私数据保护的认识与意识。企业向用户提供隐私保护工具与设置选项,帮助用户更好地管理与控制自己的数据,也鼓励用户主动保护自己的隐私数据。

④ 企业要和政府、行业协会及其他企业等加强合作与监管,共同推动个人隐私数据保护工作的深入开展,制定更加完善的法律法规与标准来规范企业的行为,促进整个行业的健康发展。

总之,企业层面的个人隐私数据保护是一个长期而复杂的过程。通过加强技术研发、完善内部管理、加强用户教育以及强化合作与监管等措施,企业可以在保护用户隐私的同时实现业务的可持续发展。同时随着技术的不断进步与法律法规的完善,相信未来会有更加先进且有效的个人隐私数据保护方案出现,为用户提供更加安全、便捷的服务体验。

5.2 政府层面的应用与实践

随着信息技术的迅猛发展与大数据时代的来临,个人隐私数据保护成为全球关注的焦点。作为公共权力的代表,政府在个人隐私数据保护方面扮演着至关重要的角色。下面从政府角度出发,深入探讨政府层面对于个人隐私数据保护的应用与实践,旨在分析政府如何有效平衡数据利用与隐私保护之间的关系,以及面临的挑战与可能的解决策略。

5.2.1　政府层面个人隐私数据保护的背景

政府是个人隐私数据的重要管理者与监管者,也是个人隐私数据保护的重要推动者与引领者。在数字化治理的背景下,政府需要利用个人隐私数据为公民提供更高效的公共服务,同时也要保障公民的隐私权益,制定与完善相关的法律法规,建立与落实相关的制度和机制,加强与规范相关的行政和司法实践,引导与推动相关的社会共治和国际合作。

在信息技术与大数据的推动下,个人隐私数据的收集、存储、处理与利用变得日益普遍。这些数据为政府提供了更高效、便捷的服务方式,但同时也带来了个人隐私泄露、滥用等风险。因此,政府层面对于个人隐私数据保护的需求愈发迫切。

5.2.2　政府层面个人隐私数据保护的实践

(1)数据安全监管

政府设立了专门的数据安全监管机构,对个人隐私数据进行全面的监管,这些机构负责制定与执行数据保护政策,监督企业遵守相关的法律法规,并对违法行为进行处罚。政府还鼓励企业通过建立内部数据保护机制提高数据安全管理水平。

(2)数据匿名化处理

政府推动企业在处理用户数据时采用匿名化技术降低个人隐私泄露的风险,去除或替换数据中的个人身份信息后数据就无法直接关联到个人,从而达到了保护用户隐私权益的目的。

（3）数据共享与利用

政府在确保个人隐私数据安全的前提下，积极推动数据共享与利用。通过建立跨部门、跨地区的数据共享平台，促进政府间、政企间、政民间的数据互联互通，提高数据的使用效率与价值。同时，政府还鼓励企业利用个人隐私数据进行创新研发，推动经济发展与社会进步。

5.2.3 政府层面面临的挑战与解决策略

（1）技术挑战

随着技术的不断进步，个人隐私数据的保护难度也在不断增加。政府需要不断跟进新技术的发展，提高数据保护技术的水平。同时，政府还应加强与国际社会的合作，共同应对个人隐私数据保护的技术挑战。

（2）法律挑战

个人隐私数据保护涉及的法律问题复杂多样，政府需要不断完善相关法律法规，以适应不断变化的数据保护需求。此外，政府还应加强对法律法规的宣传与普及，提高公众对相关法律的认识。

（3）社会挑战

个人隐私数据保护需要全社会的共同参与与努力。政府应加强对个人隐私数据保护的宣传教育，提高公众对个人隐私数据重要性的认识。同时，政府还应鼓励社会各界积极参与数据保护工作，共同构建一个安全、可靠的数据生态环境。

5.2.4 政府层面在个人隐私数据保护方面的具体措施

政府需要采取一系列具体的措施才能更有效地保护个人隐私数据。

（1）加强技术研发与应用

政府应加大对个人隐私数据保护技术研发的投入，推动相关技术的创新与应用，可以支持研发更加高效的数据加密技术与匿名化处理技术等，以提高个人隐私数据的安全性。

（2）强化法律法规的执行

政府要确保相关法律法规能够得到有效执行，对违反数据保护规定的企业与个人进行严厉处罚,确保法律框架具有较高的权威性与有效性。

（3）推动行业自律与社会共治

政府可以积极推动行业自律与社会共治,鼓励企业与机构建立自我约束与自我管理机制。制定行业标准与最佳实践能够引导企业与机构自觉遵守数据保护方面的法规,提高整个行业的数据保护水平。

（4）加强国际合作与交流

个人隐私数据保护是一个全球性的问题,需要各国政府共同合作、共同努力,政府应积极参与国际交流合作,共同应对个人隐私数据保护面临的挑战。分享经验、交流技术、制定国际标准等方式能够推动全球个人隐私数据保护水平的提升。

政府层面对于个人隐私数据保护的应用实践是一个长期而复杂的过程,通过建立完善的法律框架,设立专门的监管机构,加强技术研发与应用,加强宣传教育与培训,推动行业自律与社会共治以及加强国际合作与交流,可以确保个人隐私数据的安全与可靠,为社会的可持续发展提供有力的保障。政府还需要不断适应技术的发展与社会的进步,不断完善优化数据保护策略,应对未来可能出现的新的挑战与问题。

5.3　社会层面的应用与实践

社会是个人隐私数据的重要参与者与受益者,也是个人隐私数据保护的重要合作者与支持者。数字化社会的背景要求社会利用个人隐私数据为个人与群体提供更多的便利,同时也要维护与促进个人和群体的隐私权利,参与与监督相关的法律法规的制定执行,建立与完善相关的组织与机制,加强与扩大相关的教育培训,形成与传播相关的文化价值。

5.3.1　非政府组织

非政府组织是个人隐私数据保护的重要推动者与监督者,其保护个人隐私数据的方式有很多种,如研究、调查、评估、倡导等,为个人隐私数据保护提供了专业的支持与服务,为制定个人隐私数据保护的法律法规提供了参考建议,为个人隐私数据保护的社会共治与国际合作提供了平台和桥梁。一些具有代表性的非政府组织有:国际隐私权组织(Privacy International)、欧洲数字权利组织(European Digital Rights)、美国公民自由联盟(American Civil Liberties Union)、中国消费者协会(China Consumers Association)等。

(1)国际隐私权组织

国际隐私权组织是一个致力于促进全球范围内的个人隐私权利,并为各国提供专业建议与支持的非政府组织。它通过发布《公认隐私原则》,为各方提供了一个操作框架来处理隐私问题,主要目标是促进隐私合规与有效的隐私管理,次要目标是提供适当的标准,以便进行隐私验证工作。2020年,该组织发布了《全球隐私报告》,对全球各国的隐私状况进行了评估与排名,揭示了一些关键的趋势与挑战,如大数据、人工智能、生物识别、数字身份、网络监控等。该报告还提出了一些政策建议,如加强隐私影响评估、保障数据主体的知情同意、推动隐私友好的技术设计等。

(2)欧洲数字权利组织

欧洲数字权利组织是一个国际倡导组织,总部位于比利时布鲁塞尔,致力于在欧洲及其他地区捍卫与推进数字权利,它由40多个非政府组织以及来自欧洲各地的专家、倡导者与学者组成,憧憬着一个人们在数字时代有尊严、有活力地生活的世界,目标是保护与维护通信技术领域的公民权利,这包括许多与隐私和数字权利有关的问题,从数据保留到版权与软件专利,从数据保护与隐私权到在线言论自由,从私有化执法到网络安全。2020年,该组织发起了《隐私权宣言》,呼吁欧盟采取更加坚定有效的措施保护公民的隐私权与数据保护权,反对任何形式的大规模监控与数据滥用。该宣言还提出了一些具体的要求,禁止面部识别与其他生物识别技术在公共场所的使用,限制跨境数据流动与数据共享,加强对数据控制者与处理者的监督与问责,等等。

(3)美国公民自由联盟

美国公民自由联盟是一个非政府组织,其目的是捍卫与维护美国宪法与其他法律赋予的这个国度里每个公民享有的个人权利与自由。它利用诉讼、推动立法、教育等方法给个人隐私数据保护提供了专业的支持与服务。该联盟曾经起诉面部识别初创公司 Clearview AI,指控该公司违反了某生物识别信息隐私法,因为该公司未经授权便收集与使用了数十亿张在线照片来建立其面部识别数据库。联盟还曾经向亚马逊公司施加压力,要求它停止向政府出售其面部识别软件,认为该软件可能会侵犯公民的隐私与自由。

(4)中国消费者协会

中国消费者协会是一个代表与维护消费者合法权益的社会团体,其在个人隐私数据保护方面也做了一些探索与实践。中国消费者协会曾经发布了《个人信息保护白皮书》,对中国消费者在使用互联网、电子商务、移动支付等服务时遇到的个人信息泄露、滥用、盗用等问题进行了调查分析,提出了一些改进建议。中国消费者协会还曾经对一些涉及个人信息收集与使用的行业领域进行监督,对日常生活中我们经常接触的酒店、快递、共享单车等领域进行了检查,揭露了一些违法违规的行为,并向相关部门提出了整改要求。

5.3.2　学术界

学术界在个人隐私数据保护方面发挥着重要的研究创新作用。学术界通过理论、方法、模型、框架、指标、案例、技术、工具等多种方式,给个人隐私数据保护提供了科学的基础与前沿的发展。这些研究成果不仅为制定与执行个人隐私数据保护的法律法规提供了依据与评估,也为个人隐私数据保护的社会共治与国际合作提供了视角与方案。

在全球范围内,有许多学术机构与期刊在个人隐私数据保护方面做出了重要贡献。例如,哈佛大学伯克曼·克莱因互联网与社会中心(Berkman Klein Center for Internet & Society at Harvard University)是一个致力于互联网与社会问题研究的机构,其中包括个人隐私数据保护。剑桥大学计算机实验室(Computer Laboratory at University of Cambridge)在计算机科学与技术领域有着深厚的研究基础,其中也包括数据安全与隐私保护。清华大学网络法律与政策研究中心(Research Center for Network Law and Policy at Tsinghua University)是中国在网络法律与政策研究方面的重要机构,其研究领域涵盖了个人隐私数据保护。

此外,还有一些专门关注个人隐私数据保护的期刊,如《隐私与数据安全》(*Privacy and Data Security*)、《隐私技术》(*Privacy Technologies*)与《隐私法律与政策》(*Privacy Law and Policy*)等。这些期刊发表了大量关于个人隐私数据保护的研究文章,为学术与实践提供了重要的参考。

在当今大数据时代的背景下,个人隐私数据保护面临着新挑战和新机遇。随着信息技术的发展,以 Web 2.0 技术为基础的博客、微博、社交网络等新兴服务与物联网以前所未有的发展速度产生了类型繁多的数据,而云计算为数据的存储提供了基础平台,这一切造就了大数据时代。大数据中蕴含着无尽的商业价值,是企业的核心资源,但大数据也给企业带来了巨大的挑战,个人隐私保护问题就是其中之一。互联网已经成为人们现代生活中不可或缺的一部分,人们在网络世界中留下的数据足迹也越来越多,将这些具有累积性与关联性的数据足迹聚集在一起,就可以从中发现隐私信息数据。恶意分子利用这些信息进行欺诈等行为,给个人的生活带来了许多麻烦或经济损失,因此大数据的个人隐私问题引起了学术界的广泛关注。

5.3.3　公　众

公众是个人隐私数据的重要拥有者与使用者,也是个人隐私数据保护的重要主体与力量。在数字化生活的背景下,公众需要利用个人隐私数据为自己与他人提供更多的便利与乐趣,但是也要保护自己与他人的隐私权益。公众在个人隐私数据保护方面的角色可以从以下几个方面来理解。

（1）了解与遵守相关的法律法规

公众需要了解有关个人隐私数据保护的法律法规,其中比较典型的是《个人信息保护法》。公众在日常生活中遵守这些法律法规,不仅可以保护自己的隐私权益,而且可以避免因产生违法行为而受到法律惩罚。

（2）选择与使用相关的产品与服务

公众选择与使用产品与服务时需要考虑这些产品与服务对个人隐私数据的处理方式。公众可以选择那些尊重用户隐私而且采取有效数据保护措施的产品与服务。

（3）管理与控制自己的隐私设置

公众需要学会管理与控制自己的隐私设置,重视社交媒体的隐私设置与手机应用的权限设置,通过这些设置可以控制自己的个人隐私数据被谁访问、被用于何种目的。

（4）防范与应对相关的风险与威胁

公众需要了解个人隐私数据可能面临的风险与威胁，一些常见的风险与威胁有数据泄露、身份盗窃等，发现不安全因素时公众要及时采取相应的预防应对措施。

（5）参与与支持相关的活动与组织

公众可以参加隐私保护的公益活动、支持隐私权保护的非政府组织以及致力于个人隐私数据保护的活动。

过去的几年，全球发生了一些具有启发性的事件，这些事件对公众的个人隐私数据保护产生了深远影响。

"剑桥分析"丑闻揭示了社交媒体平台在收集与使用用户数据方面的问题。这个丑闻引发了全球对社交媒体平台的质疑与抗议，促使 Facebook 等公司改进了其隐私政策与控制面板，也促进了欧盟国家加强对跨境数据流动的监管与保护。

Snowden 泄密事件揭露了美国国家安全局（NSA）等机构对全球公民的大规模监控与窃听。这个事件引发了全球对政府与企业的信任危机，也引发了隐私保护的呼吁与行动，推动了美国等国家修改或制定相关的法律法规，也推动了许多企业与组织开发与使用更安全的加密与通信技术。

蚂蚁金服上市暂缓事件暴露了中国金融科技企业对用户数据的过度收集与使用，引发了中国对金融科技企业的监管与整治，促使了蚂蚁金服等公司调整其业务模式与数据治理方式，也促进了中国加快个人信息保护法的制定与实施。

这些事件与案例表明公众在个人隐私数据保护方面的角色是非常重要的，公众不仅是个人隐私数据的拥有者与使用者，而且是个人隐私数据保护的主体力量，只有当公众充分认识到个人隐私数据保护的重要性并采取有效的保护措施，数字化生活才能真正实现安全、自由、公正。

5.4 国际合作与比较研究

国际合作与比较研究对个人隐私数据保护具有重要的作用，也是个人隐私数据保护的重要需求与趋势。在数字化、全球化的背景下,国际合作与比较研究可以促进与保障个人隐私数据的跨境流动与共享,同时也要尊重协调个人隐私数据的多元化与差异化,制定并完善相关的国际法律法规,建立并加强相关的国际组织与机制,开展并深化相关的国际对话交流,形成并推广相关的国际标准与规范。

5.4.1 亚太经合组织(APEC)

亚太经合组织是一个涵盖21个成员经济体的区域性经济合作组织,其目标是促进自由贸易与投资,加强区域经济一体化,实现可持续与包容性增长。推动自由贸易与投资使 APEC 认识到数据的重要性,数据是现代经济的生命线,对于创新、增长与繁荣至关重要,APEC 非常重视数据的保护,然而数据的收集、存储与使用也引发了一系列隐私保护、数据安全与消费者权益保护等方面的问题。

APEC 于 2005 年制定并于 2015 年更新了《APEC 隐私保护框架》,目的是解决这些问题。这个框架提出了一系列隐私原则与实施指南,像尊重个人隐私、限制数据的收集、确保数据的质量、限制数据的使用、确保数据的安全、公开数据管理政策、确保个人参与、确保责任等。这些原则与指南是为了促进亚太地区的隐私与个人信息保护措施具有一致性,同时确保数据可以自由流动,以支持经济发展与区域一体化。

APEC 建立了跨境隐私规则(Cross-Border Privacy Rules,CBPR)体系来推动《APEC 隐私保护框架》的实施,这个体系是一个基于自愿参与的机制,认证与合规评估成功后,在 APEC 成员经济体中收集、访问、使用或处理数据的企业能够在其组织内制定与实施统一的方法,以便在全球范围内获取、使用个人信息。这个体系的目标是建立一个可信赖的环境,使数据可以在保护隐私的同时跨境流动。

APEC 还与欧盟就数据保护与隐私进行了对话与合作,欧盟是全球数据保护标准的领导者,其《通用数据保护条例》设定了严格的数据保护规则。APEC 与欧盟的对话与合作是为了促进互信与互认,减少跨境数据流动的障碍,确保数据能得到有效保护。APEC 推动区域经济一体化,不仅重视经济的发展,而且重视数据的保护。制定《APEC 隐私保护框架》,建立 CBPR 体系,说明 APEC 正努力在保护隐私与促进数据自由流动之间找一个平衡点,对于亚太地区乃至全球的经济发展都具有重要的意义。

5.4.2 国际数据保护与隐私专员会议(ICDPPC)

国际数据保护与隐私专员会议是一个由全球各国与地区的数据保护与隐私监管机构组织举行的全球会议,其目的是提高数据与隐私保护水平,促进国际合作,分享经验与最佳实践,制定共同的标准与指导。ICDPPC 每年举行一次会议,在会议上讨论数据与隐私保护的热点问题,与会各方通过决议与宣言表达其立场与建议。在 2018 年的第 40 届会议上,ICDPPC 通过了《人工智能伦理与数据保护宣言》,强调任何人工智能系统的创建、开发与使用都应充分尊重人权,特别是保护个人数据与隐私权以及人的尊严不被损害的权利,并应提供解决方案,使个人能够控制与理解人工智能系统。除了年度会议,ICDPPC 还通过其他方式进行工作。ICDPPC 设有工作组,负责研究像儿童在线保护、健康数据保护与大数据等一些特定的问题,这些工作组的工作成果为ICDPPC 的决策提供了重要的依据。

ICDPPC 目前有 132 个成员,覆盖了全球各大洲与地区,这些成员代表了全球的数据保护与隐私监管机构,其工作对于提高全球的数据与隐私保护水平具有重要的意义。ICDPPC 是一个重要的全球性网络,为全球的数据与隐私保护工作提供了重要的支持。随着数据与技术的发展,ICDPPC 在未来的工作将变得更加重要、更加复杂,但无论如何,ICDPPC 都将继续致力于提高全球的数据与隐私保护水平,保护每个人的数据与隐私权利。

5.4.3 国际隐私权组织

国际隐私权组织是一个全球性的非政府组织,主要任务是捍卫与促进全球公民的隐私权。在当今这个数据驱动的世界,隐私权的重要性日益凸显,而国际隐私权组织在保护隐私权方面做出了重要贡献。国际隐私权组织的工作主要集中在以下几个方面。

国际隐私权组织发布了大量关于个人隐私数据保护的研究报告,这些研究涵盖了各种主题,有数据保护方面的法律与政策、数据泄露与滥用、数据保护与人权等,这些报告可以帮助公众理解数据保护的重要性与挑战。

国际隐私权组织发起并参与了各种倡导与监察活动,这些活动能够提高公众对数据保护问题的认识,推动政策法律的改革,更好地保护个人隐私。国际隐私权组织曾经发起了一项全球性运动,呼吁各国政府与企业尊重与保护公民的隐私权。

国际隐私权组织还协助支持了许多相关的诉讼与救济,这些诉讼的目的是维护受到侵犯的公民的隐私权,为他们提供法律援助。国际隐私权组织还提供了指南与工具等各种教育资源,帮助公众更好地理解与保护他们的隐私。

国际隐私权组织与全球各地的 40 多个合作组织构成了一个隐私权网络,网络成员是人权组织、消费者组织与研究机构等各种类型的组织,它们共同推动了全球的隐私权运动,为保护公民的隐私权做出了重要贡献。国际隐私权组织在全球范围内为保护公民的隐私权做出了重要贡献。随着数据与技术的发展,国际隐私权组织在未来将继续发挥其重要作用,为保护全球公民的隐私权提供有力的支持,与此同时,国际隐私权组织将继续进行研究,发起倡导,支持诉讼,提供教育,与全球的合作伙伴一起,共同推动全球的隐私权运动。这个任务长期而艰巨,但国际隐私权组织有信心并且有决心去完成它。因为在这个数据驱动的世界,公民的隐私权不仅是一项基本的人权,也是社会的基石。

第六章

个人隐私数据保护的
挑战与发展

6.1 个人隐私数据保护面临的挑战

6.1.1 个人隐私数据泄露的影响

随着信息技术的飞速发展,"数据化生存"已逐渐成为人类社会运行的常态,数据在公共管理、科学研究、企业营销等领域发挥着重要作用。

以阿里巴巴、百度为代表的互联网企业,运用数据挖掘与分析技术对消费者购买行为与浏览偏好进行预测分析,生成更有针对性的内容推送与营销策略。在物理学领域,数据分析被广泛应用于粒子物理、量子力学等研究方向。科学家们通过分析粒子加速器产生的大量实验数据,验证理论模型,并发现新的物理现象。在量子力学实验中,数据分析技术也被用于处理与分析实验数据,为量子信息的传输、加密以及计算等提供技术支持。

但是,数据在带来信息时代福利的同时亦会引发数据滥用、个人隐私泄露、企业商业秘密被侵犯等诸多问题。

纵观全球,数据泄露的案例比比皆是,据统计,2020 年互联网数据泄露总条数约为 360 亿条,数据泄露事件给企业造成的平均损失高达 386 万美元。2018 年,Facebook 遭遇了一起震惊全球的用户数据泄露事件,涉及上亿用户的数据安全,引发了广泛的国际舆论关注。2021 年 7 月,亚马逊公司因违反《通用数据保护条例》,被欧盟隐私监管机构处以 7.46 亿欧元罚款,这也是欧盟有史以来最大的一笔隐私数据泄露罚款。

在我国,隐私数据泄露所涉及的范围日益扩大,陷入困境的行业、企业也越来越多。例如:美团、饿了么等外卖平台曾被曝出用户资料遭泄露、倒卖,最低不到一毛钱每条的数据,包含用户订餐内容、地址等私密信息;万豪集团旗下喜达屋酒店客房预订数据库遭黑客入侵,约 5 亿名客人的信息被泄露。

从以上案例可以看出,在大数据时代,互联网平台大规模采集用户数据,并将用户的个人信息长期集中化储存,而数据一旦泄露就是大规模的群体事件,不仅侵犯用户的隐私权、侵害公民的生命财产安全,还将对互联网企业自身造成不可预估的经济损失,数据泄露对企业声誉的负面影响也很难消除。

6.1.2　大数据技术发展下个人隐私危机产生的原因

在大数据技术发展的背景下,个人隐私危机产生的原因主要有以下几点。

(1)公众隐私保护意识不强

在网络环境下,很多人缺乏对个人隐私的保护意识,如在社交媒体上主动暴露与分享个人生活与信息,这些信息可能包括敏感信息,如家庭成员、住址、旅行计划等,这使得个人隐私容易被偷盗者轻易地获取与使用。在公共场所使用公共 Wi-Fi 时,个人信息可能会被窃取,特别是在未加密的网络环境下,黑客可以轻松获取用户的敏感信息。

(2)移动应用程序强制协议

许多移动应用程序在用户使用前会要求用户同意用户协议,但这些协议往往过于冗长与复杂,用户可能没有时间与精力仔细阅读,从而不知道自己的个人信息将如何被使用。这就造成一些机构或应用程序在没有得到用户明确授权的情况下,擅自收集、使用或分享用户的个人信息,导致个人隐私数据泄露。

(3)木马病毒

计算机病毒如木马病毒可能会悄无声息地盗取用户的个人信息,包括银行账号、密码等敏感信息,给用户带来严重的隐私风险。

（4）网站 Cookie 的违规收集

许多网站都使用 Cookie 跟踪用户的浏览行为与个人偏好,而有些网站可能会滥用 Cookie,收集用户的个人信息,甚至将这些信息出售给第三方,侵犯用户的隐私权益。

（5）技术与法律漏洞

由于我国保护网络隐私的相关技术还不到位,其技术漏洞为不法分子提供了可乘之机,导致大量隐私数据泄露。同时,相关法律的缺失或不完善也使得个人隐私数据保护难以得到充分的保障。

（6）巨大的经济利益驱动

在大数据时代,信息具有极高的价值。一些人员借助网络的虚拟性与快速传播性,贩卖用户数据以获取利润,这导致用户信息大量泄露。

6.1.3 个人隐私数据保护面临的主要挑战

在当前大数据与互联网应用背景下,个人隐私数据保护主要面临的挑战可以从以下角度进行分析。

（1）大数据与数据分析

人们生活在数字化的时代,日常生活中产生的数据在不断增加,大数据分析与挖掘技术令个人隐私数据更容易被获取,可能会使个人隐私数据泄露与滥用的风险增加。

（2）个人数据共享

个人数据在大部分情况下都需要与第三方共享,常见的有医疗保健机构、金融机构或社交媒体平台,共享个人数据的过程存在潜在的风险,因为第三方很可能对这些数据保护不到位甚至会滥用这些数据。

（3）物联网与智能设备的应用

得益于物联网技术的发展,越来越多的设备能够收集、交换个人数据,如人们常接触的智能手机等智能设备、智能家居设备、可穿戴设备,而智能设备的安全性与数据隐私保护措施可能存在问题,容易成为黑客攻击的目标,造成个人隐私数据泄露。

（4）全球化与跨境数据流动

信息跨境传输，世界掀起全球化浪潮，跨国公司也面临着前所未有的挑战，需要在不同国家的法律与监管要求之间寻找平衡点。不同国家关于个人隐私的法律框架与标准存在一定的差异，给个人隐私保护带来了挑战。

（5）社交媒体与在线广告平台

社交媒体与在线广告平台可能使用个人数据进行定向广告与个性化推荐，因此它们收集了大量与用户有关的数据，与此同时也带来了个人数据滥用的风险。

（6）商业利益

一些企业组织为了追求商业利益，考虑不周，可能会滥用个人隐私数据，从而导致个人隐私数据泄露和滥用。

（7）监管不力

部分国家或地区对有关个人隐私数据保护的法律法规监管相对薄弱，导致个人隐私数据保护面临更多的挑战。

（8）新兴技术的挑战

像人工智能、大数据分析与物联网这样的新兴技术给公众带来了许多创新机会，但伴随而来的是个人隐私数据保护的新挑战。人工智能算法需要有大量个人数据的训练，而个人数据的使月与共享也会引发隐私问题。物联网设备的普及导致数据被收集的范围扩大，如何保护个人隐私数据成为一个重要议题。

6.1.4　个人隐私数据保护面临的难点

在保护个人隐私数据时，主要存在以下难点。

（1）个人使用需求与数据自我保护的矛盾

在万物互联的大数据时代，各类互联网个性化服务与精准推送都无法离开对用户数据的采集。比如，网络购物数据会被电商采集与识别，社交媒体使用数据会被运营商收集与分析，网络检索行为数据会被搜索引擎记录，等等。虽然数据采集者在某一个时间与空间上只能截取"碎片化"的个体行为数据，但经过大数据技术对这些数据进行整合,就可以精准定位到某个个体以及与之相关的一系列隐私信息。

在获得用户数据授权的方式上,各网络平台常见的做法是采用"注册即视为同意《隐私政策》与《Cookie 协议》"的默认勾选或"一揽子"授权同意、概括式同意。当有用户在注册阶段质疑数据的过度采集,点击"不同意信息被采集"按钮以拒绝 Cookie 的追踪后,结果往往是无法正常使用网站,并以闪退的方式退出网页。对网络平台有强烈使用需求的用户,为了能享受各大平台提供的服务,还是会主动让渡个人信息以获取使用的便捷性。更重要的是,虽然隐私权政策中说明会把个人数据提供给第三方,却未提供第三方信息,通过格式条款使用户同意了各种不可预见的数据处理行为。

（2）数字权利滥用、数据垄断乱象频发的问题

数据对于现代互联网企业而言,可视为核心的资源优势与竞争优势,拥有大规模用户数据将有助于企业进行商业推广、精准营销、产品迭代等业务。各大网络平台在利用数据追求利益最大化的同时,也引发了个人信息滥用程度加重、企业数据垄断乱象频发的数据安全风险。

以网购平台的个性化推荐技术为例,许多网络用户发现,当自己只是由于好奇或不小心点了一个商品链接,就会被不断地推送相似的商品。这种精准推送背后的逻辑是平台基于算法做出的自动化决策,不透明性使用户无法理解算法的机理,从而带来不公平性的问题。

更为严重的是,大型互联网企业中有个别内部员工将企业收集的用户订单、浏览记录、消费记录等数据贩卖给其他公司,使用户数据被再次处理并作为其他公司盈利的手段,这不仅超出了用户授权个人信息给平台以换取便捷服务的合理预期,而且无异于用户在网络空间中"裸奔"。

除了过度利用用户精准画像进行个性化推荐之外,基于数据垄断优势进行"大数据杀熟""二选一"等侵犯消费者权益的行为,实际上都反映了用户不能自主把控数据信息所形成的算法决策。虽然欧盟 GDPR 已提出算法需要具有透明性、可解释性,但如何向用户解释算法仍亟待落实。

此外,企业在实现 SaaS 化服务过程中,会将数据与第三方机构交换与共享。但合作的第三方企业如果对收集、使用用户数据的监测、管理不到位,就会带来潜在的第三方风险。在"剑桥分析"丑闻事件中,Facebook 用户的个人信息被第三方机构 Cambridge Analytica(剑桥分析)收集,随后建立起用户画像,预测他们的政治倾向,并借助 Facebook 的广告投放系统,最终影响用户在总统大选中的投票行为。虽然该事件的主要责任不在 Facebook,但社交网络平台是 Cambridge Analytica 在检测数据时最重要的依仗,Facebook 负有不可推卸的责任。

利益驱使第三方机构非法获取、利用个人隐私数据获利的问题同样也是我国互联网企业数据安全保护面临的棘手问题之一。

(3)企业数据安全保护面临的外部攻击挑战

当前,数字技术促使数据应用场景与参与主体日益多样化,数据安全的外延不断扩展,互联网企业数据安全保护面临外部攻击的风险与挑战。

黑客利用互联网平台存在的安全漏洞入侵企业网站,窃取用户数据库,导致个人隐私与企业机密泄露。特别是近几年爬虫技术的广泛应用,给予了很多不法人员窃取数据的可乘之机。2021 年 6 月,河南商丘公开了一份判决书,显示有网络黑客对淘宝实施了长达八个月的数据爬取并盗走大量用户数据。在阿里巴巴注意到这一问题前,已经有超过 11.8 亿条用户信息遭到窃取。黑客获取了这些信息后建立了上千个微信交流群,利用机器人每日在群里发放淘宝优惠券以赚取返利收益。早期的互联网与网络邮件的领导者雅虎在遭到黑客攻击后,泄露了雅虎全部用户(超过 30 亿)的信息,这一事件是至今全球规模最大的单一网站数据泄露案,最终导致雅虎关张。因此,网站的海量用户数据不仅是企业的核心资产,也是黑客攻击的主要对象,大型企业的数据安全管理在大数据时代面临更高的要求。

6.1.5　个人隐私数据保护针对挑战的应对措施

个人隐私数据保护面临的挑战需要采取多方面的应对措施,包括技术、法律法规、政策与个人自我保护意识等方面。

(1)强化数据安全技术

组织与个人应加强数据加密、访问控制、安全审计等技术手段,确保个人数据的安全存储与传输。

（2）遵守隐私保护方面的法律法规

各国应及时修订与完善隐私保护方面的法律法规，规范数据处理行为，明确个人数据处理的权利与责任，加强对违法行为的惩罚力度。

（3）强化数据保护政策

组织应建立健全数据保护政策与流程，包括数据处理目的明确、数据最小化原则、数据保留期限等，确保合法、透明、安全地处理个人数据。

（4）提升个人隐私保护意识

个人应增强隐私保护意识，谨慎分享个人信息，定期审查与更新隐私设置，避免在公共网络环境中泄露敏感信息。

（5）加强监管

政府部门应加强对数据处理机构与个人信息的监管，确保数据处理行为符合法律法规，及时发现与处理隐私泄露事件。

（6）推动行业自律

各行业组织与企业应建立行业标准与自律机制，加强数据保护意识，共同维护个人隐私权益。

综合利用以上措施，可以更好地保护个人隐私数据，降低隐私泄露与滥用的风险，维护个人隐私权益。通过这些措施的综合应用，可以有效应对个人隐私数据保护面临的挑战。

6.2 个人隐私数据保护的创新发展

在数字化时代，个人隐私数据的泄露已成为一个全球性的社会问题。越来越多的个人信息被收集、存储与分析，隐私数据泄露的风险也在不断增加。传统的隐私保护方法已难以适应日益复杂与多样化的数据环境，因此需要持续地进行创新发展，以更好地保护个人隐私数据。

6.2.1 个人隐私数据保护的创新技术发展

随着信息技术的迅猛发展，个人隐私数据保护面临着前所未有的挑战。

为了应对这些挑战,创新技术的发展在个人隐私数据保护领域显得尤为重要。下面从加密技术升级、匿名化技术优化、访问控制机制创新、区块链技术应用、人脸识别技术革新以及隐私保护算法研究等方面进行创新技术发展的论述。

(1)加密技术升级

加密技术是保护个人隐私的重要手段之一。随着密码学研究的深入,加密技术通过采用更加先进与安全的算法得到了显著升级,例如,使用同态加密、属性基加密等增强数据的安全性,使用强密码与加密算法确保个人数据在传输与存储过程中得到保护。现代加密技术如端到端加密与量子加密可以更好地防止数据被不当访问与窃取。新的加密算法不仅提供了更高的安全性,还针对特定场景进行优化,以适应不同隐私保护需求。例如,零知识证明、同态加密等技术的出现,为隐私保护提供了更加有力的工具。同时,加密技术的实施方式与密钥管理也得到了更多的研究与应用。

(2)匿名化技术优化

匿名化技术通过去除或替换个人身份标识信息等方法对数据进行脱敏处理,使得数据在保持使用价值的同时,难以识别到具体的个体,即使用数据无法追溯到具体的个人,从而保护个人隐私。近年来,匿名化技术得到了优化,包括差分隐私、$K-$匿名模型等技术的出现与改进,以及匿名化数据集的构建与使用等方面的创新,使得隐私数据保护更加完善。

(3)访问控制机制创新

访问控制机制是限制与管理个人隐私数据访问的重要手段。传统的访问控制机制主要基于角色与权限的管理,但随着技术的发展,新型的访问控制机制如基于属性的访问控制、基于行为的访问控制等不断涌现,为个人隐私数据保护提供了更加灵活与高效的方式。

(4)区块链技术应用

区块链技术凭借去中心化与不可篡改的特性,为个人隐私数据保护带来了革命性的方案。通过将个人隐私数据存储在区块链中,可以实现数据的可追溯性、可验证性与安全性,确保数据的完整性与真实性。同时,智能合约等技术的引入,可以实现对个人隐私数据的自动化管理与访问控制等保护策略。

（5）人脸识别技术革新

人脸识别技术，简而言之，就是通过分析人的面部特征进行身份识别的一种技术。这种技术如今在多个领域都得到了广泛的应用，比如手机解锁、门禁系统、支付验证等。其核心在于通过复杂的算法对比分析捕捉到的面部的各种特征点，如眼睛、鼻子、嘴巴等的形状、大小与位置关系，达到身份识别的目的。

人脸识别技术对于个人隐私数据保护有着非常重要的作用。人脸识别是一种身份验证手段，它可以帮助我们更准确地判断一个人的身份，避免出现身份冒用或滥用的情况。人脸识别技术在很多场合都是十分必要的存在，生活中人们常见的银行等需要严格保护客户信息的场所大都会应用这一技术。

人脸识别技术得到了不断优化，特别是不断改进的算法，不断增强的模型泛化能力，显著提高了它的识别准确率，同时大大降低了误报率。这意味着使用人脸识别技术验证身份时，系统能够更准确地识别出真正的用户，减少因误报引发的隐私泄露风险。人脸识别技术还可以与其他安全措施相结合，共同构建一个更加安全的防护体系。进行人脸识别时，可以加入生物特征等其他验证方式，形成多因素认证，进一步提高身份验证的安全性与可靠性。

（6）隐私保护算法研究

隐私保护算法的核心原理主要有数据加密、数据切分与安全计算等方面。其中：数据加密是指对敏感数据采用对称加密或非对称加密等方式进行加密处理，以达到保护隐私的目的；数据切分是指将数据切分成多个部分并将这些部分分散存储在不同的位置以降低数据泄露的风险；安全计算是指利用多方计算、同态加密与差分隐私等技术保护计算过程中的隐私数据。

这些算法与技术在多个领域被广泛应用，尤其是在智能城市中应用最广泛。政府可以利用隐私保护算法在智能治理方面对公民的个人信息进行分析，以提供更精准的服务。在智能医疗领域，医疗机构可以在保护患者健康数据的同时提高医疗服务质量。在智能交通与智能能源方面，隐私保护算法也得到了广泛的应用。

研究者们不断探索新的隐私保护算法与技术，为的就是提高隐私保护的效果与数据的利用价值。当然，难免会面临一些挑战，如何在保护隐私的同时确保数据的准确性与完整性,如何平衡隐私保护与数据分析的关系等问题都是新的挑战。

6.2.2　个人隐私数据保护相关法律法规的完善

完善个人隐私数据保护的法律法规对于更好地维护公民的隐私权益有着非常重要的作用。

(1)明确个人隐私的定义

法律法规应明确界定个人隐私数据的范围界限,从个人身份信息、生物特征信息、健康信息到财务信息、通信信息等。有了明确的定义才能更加精准地识别与保护个人隐私数据,避免数据泄露和滥用。

(2)强化数据收集规范

数据收集是隐私保护的起点,法律法规应规定数据收集应遵循的原则,要做到合法、正当且必要,明确收集数据的主体、目的与范围等要素,与此同时也要加强对数据收集行为的监管,确保数据收集行为符合法律法规的要求。

(3)严格数据处理流程

数据处理对个人隐私数据保护来说十分重要,法律法规应规定数据处理应遵循的流程标准,数据的存储、使用、共享与销毁等都需要遵循标准。明确数据处理者的责任与义务,确保数据得到合规的处理,需要建立数据处理的责任机制。

(4)加大违规处罚力度

对违反个人隐私数据保护相关法律法规的行为加大处罚力度,这样才能形成有效的威慑力。法律法规应规定相应的法律责任与处罚措施,可以对违反者进行罚款或者吊销许可证的惩罚,加强执法力度,确保法律法规得到有效的实施。

(5)设立专门的监管机构

设立专门的监管机构可以加强对个人隐私数据保护的监管。该机构要具备独立的执法权,负责监督与管理个人隐私数据保护工作,能够完成制定相关标准、审查数据处理行为、处理投诉等工作。

（6）加强跨境数据监管

面对全球化的发展,跨境数据流动也日益频繁,法律法规要加强对跨境数据的监管,建立跨境数据流动的安全保障机制,与此同时也要加强与国际社会间的合作,共同制定跨境数据保护的国际标准规则。

（7）推广隐私保护技术

新的技术不断发展,为个人隐私数据保护提供了新的手段,法律法规应鼓励支持隐私保护技术的研发与应用,运用技术手段提升个人隐私数据保护的安全性与效率。

（8）提升公众隐私意识

只有提升公众隐私意识,才能给个人隐私数据保护相关法律法规的完善提供一份重要的保障。法律法规要加强对公众隐私保护的宣传教育,加深公众对个人隐私数据的认识,提高公众对个人隐私数据的保护意识,鼓励社会各界共同参与到个人隐私数据保护工作中,形成全社会共同维护个人隐私权益的良好氛围。

6.3　个人隐私数据保护的未来展望

人们越来越关注隐私数据保护工作,期望有更强大的控制权与保护机制来保护个人信息,以下是一些个人隐私数据保护的未来展望。

（1）强化法律法规

人们希望政府与立法机构能制定更加严格的法律法规,确保个人隐私数据的安全,这意味着需要有更严格的数据保护规定、更严厉的处罚措施出现,并且对公司与组织强制执行。这些措施的预期是有效地约束企业与组织的行为,保护个人隐私不受侵犯。

（2）个人数据控制权

加强个人数据控制权至关重要,个人应该有权决定自己的数据如何被收集、使用与分享,这样可以从根本上更好地保护个人隐私数据。个人要充分了解数据收集与使用政策,拥有授权与撤销数据使用的能力,使用更容易访问与管理个人数据的工具与平台。

（3）加强数据安全性

人们期望有更强大的数据安全措施来防止数据泄露与滥用，加强数据安全性是保护隐私数据的一个重要方面。更强的加密技术、多层次的安全验证、安全的存储与传输方案，可以有效防止数据泄露与滥用，确保个人数据的安全性与私密性。推动隐私保护技术的创新也能为数据保护提供更多解决方案。

（4）隐私教育与意识

人们希望获得更多关于隐私保护与数据安全的教育，得到隐私保护意识的提升，这样可以帮助人们更好地了解并管理自己的隐私权益，还能更深入地学习如何在数字世界中保护自己的个人信息。

（5）透明与负责任的数据处理

人们期望企业与组织对个人数据的处理过程更加透明与负责任。这意味着企业与组织应该提供清晰的数据收集与使用政策，仅在必要的情况下收集个人数据，并采取措施保护数据不被泄露或滥用。

（6）隐私保护技术创新

将来可能会出现新的用于增强隐私数据保护的技术与工具，比如在人工智能与区块链技术的帮助下就开发出了更安全、更私密的数据处理存储方式。随着科技的不断发展，数据也在不断地增长，保护个人隐私将面临新的挑战与机遇，为了应对这些挑战，需要不断改进和完善个人隐私数据保护机制，赋予个人更多的控制权，实施更多的保护措施。

第七章

个人隐私数据保护的对策与建议

　　个人隐私数据泄露关系到个人安全、社会安全以及国家安全,已经成为建设网络强国不可回避的热点问题。基于此,本书提出:通过网络安全教育、规范网络操作等方式建立个人层面的个人隐私数据保护机制;通过数据加密传输及数据清洗、云存储安全机制、访问控制策略、数据共享的隐私保护技术、隐私保密协议签订及第三方监管法律法规的约束等方式,构建企业层面的个人隐私数据保护机制;通过细化立法规定、促进行业自律、完善执法体系等方式,建立国家层面的个人隐私数据保护机制。同时提出网络强国视域下"三位一体"的个人隐私数据保护机制方案,实现个人隐私数据不同维度的安全保护,助力国家网络强国建设。

　　应从个人层面、企业层面、国家层面建立"三位一体"的个人隐私数据保护机制。个人层面主要从个人网络安全意识提升与网络操作行为的规范出发保护个人隐私数据;企业层面通过第三方监管机构、隐私保密协议、共享中的隐私保护、访问控制安全策略、云存储安全保护、加密传输＋数据清洗的方式保护用户隐私安全;国家层面通过制定网络安全相关法律法规、细化立法规定、强化行业协会监督、完善行政执法体系的方式,积极引导公民遵守相关法律,加大执法力度,保护个人隐私数据安全。

　　立足于我国网络安全现状与技术方法,本书根据现有的技术提出"三位一体"的个人隐私数据保护机制,能有效保护个人隐私数据,建立国家信用体系数据库基本框架,防止隐私泄露事件的发生。

7.1 个人隐私数据保护的必要性

个人隐私数据泄露问题严重威胁着我国网络安全,特别是对国家社会信用体系建设将造成严重危害。在互联网中,个人隐私数据泄露导致的各类信息安全事件层出不穷。特别是某些垄断行业,比如金融公司、互联网公司等掌握大量用户隐私数据,因技术缺陷、管理不善、黑客入侵等原因,导致个人隐私数据的泄露,给用户造成大量的经济损失。2019—2021 年电信诈骗立案案件数量以及经济损失如图 7-1 所示,案件数量由 2019 年的 68 万起增至 2021 年的 98.6 万起,经济损失由 2019 年的 148 亿元增至 2021 年的 498.4 亿元。2022 年 6 月,大学生学习软件《超星学习通》中超过 1.7 亿条信息疑遭泄露;2022 年 9 月,西北工业大学遭遇境外网络攻击,关键核心技术数据被窃取。

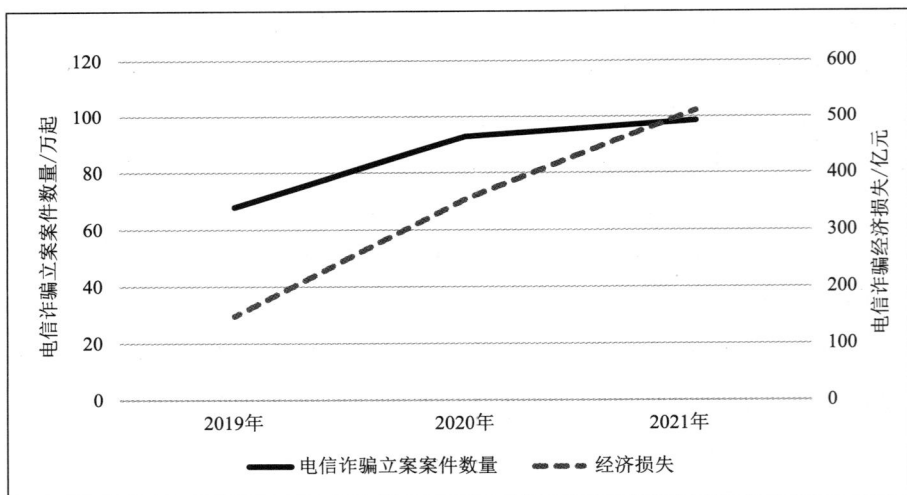

图 7-1　2019—2021 年电信诈骗立案案件数量以及经济损失

面对日渐严峻的网络安全形势,2018 年 4 月,习近平总书记在全国网络安全和信息化工作会议中指出:"没有网络安全就没有国家安全,就没有经济社会稳定运行,广大人民群众利益也难以得到保障。"通过树立正确的网络安全观、加强信息基础设施防护、加强网络安全信息的综合统筹,严厉打击网络黑客活动与网络诈骗行为,维护人民群众的合法权益。

关于如何保护个人隐私信息,防止被不法分子窃取隐私信息,建立个人隐私数据保护机制,防止个人的财产甚至生命安全受到威胁,是当前网络空间环境治理面临的热点话题。

综上,如何从国家战略层面、企业管理层面与个人信用体系建设层面建立"三位一体"的个人隐私数据保护机制,是国家治理网络空间环境不可或缺的重要组成部分,是实现网络强国的重要保障机制,同时也是关系我国国计民生、社会和谐稳定的重要因素。

7.2 个人隐私数据保护整体框架

本书基于在网络空间环境治理下建立"三位一体"的个人隐私数据保护机制,从个人层面、企业层面、国家层面进行系统研究。

该机制的总体框架如图 7-2 所示。

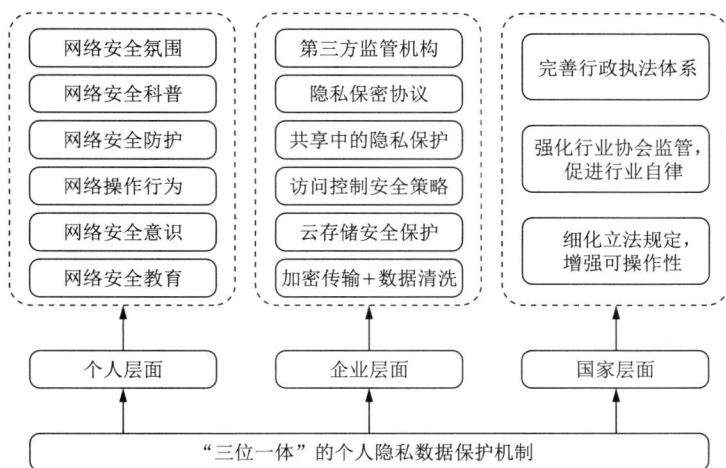

图 7-2 "三位一体"的个人隐私数据保护机制总体框架

7.3 个人、企业与国家层面的个人隐私数据保护问题

7.3.1 大数据时代个人隐私数据极易泄露

个人隐私数据的泄露致使各类信息安全事件层出不穷，严重威胁着个人财产安全及社会安全。

据 2023 年 3 月发布的《中国互联网络发展状况统计报告》显示，2022 年中国网民数量已达到 10.67 亿，其中 34.1% 的网民曾遭遇个人信息泄露、账号或密码被盗、设备感染计算机病毒、网络诈骗等网络安全问题，具体数据如图 7-3 所示。

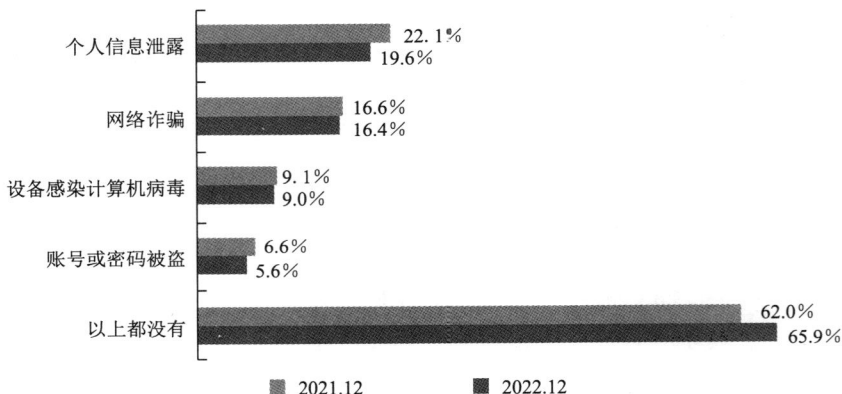

图 7-3 网民遭遇各类网络安全问题的比例

据统计，近几年全国破获电信诈骗案件数量逐年上升，由 2018 年的 13.1 万起、2019 年的 20 万起、2020 年的 32.2 万起、2021 年的 37 万起上升至 2022 年的 59.4 万起。其中，2018 年抓获犯罪嫌疑人 7.3 万人，2019 年抓获犯罪嫌疑人 16.3 万人，2020 年抓获犯罪嫌疑人 36.1 万人，2021 年抓获犯罪嫌疑人 54.9 万人，2022 年抓获犯罪嫌疑人数同比上升 64.4%。这些电信诈骗的源头都是个人信息泄露，而个人信息泄露是网络诈骗成功实施的关键因素。

7.3.2 企业层面个人隐私数据安全

企业层面的个人隐私数据往往具有用户多、数据量大等特点。这些包含

个人信息的数据在收集、传输、存储、共享及发布过程中,容易产生个人信息的扩散与失控,造成多个行业的个人隐私数据泄露,个人隐私数据泄露事件频发。

一些网络平台利用大数据技术收集各类用户个人信息,很多互联网公司未经用户允许就越权收集用户信息或与第三方分享用户信息,通过数据分析工具对用户日常数据进行分析、挖掘及多重分析,精确定位到个人,有效预测用户的行为与生活习惯,造成个人隐私数据的泄露,侵害了用户对自身数据的知情权、选择权与控制权。

7.3.3 国家层面个人隐私数据保护法律法规

在我国法律体系中,早期对于隐私保护的条款多散见于《中华人民共和国民法通则》等相关法律法规中。很多数据隐私保护条例都是较为原则性的规定,司法实践操作性不强,在立法上还存在一些缺陷,对个人隐私数据保护的效力与力度有待加强。另外,早期法律法规对个人隐私数据被多次利用及造成个人隐私泄露的问题,未做出明确规定,且由于大数据分析的强大功能,当个人感觉到自己遭遇隐私泄露时,难以进行法律举证。《中华人民共和国刑法修正案》定义了侵犯个人信息罪,但没有全面定义侵犯个人隐私的行为,导致实际操作性较差。

2021 年 11 月,《个人信息保护法》开始实施。随着广大网民网络安全意识的提高,个人信息保护也成为人们关心的利益问题之一。该法的实施有利于保护人民群众的个人信息权,也有利于解决个人信息保护领域的突出问题与人们关注的重点问题。

在隐私保护问题上,发达国家法律法规的设立比我国要早,采取了很多措施来保护个人隐私数据。20 世纪 70 年代,美国制定了诸如《联邦隐私权法》《电子通信隐私法》《个人隐私权与国家信息基础设施》等法律用于保护隐私数据。欧盟国家通过《个人数据保护指令》《网上个人隐私权保护的一般原则》《通用数据保护条例》等来保护个人隐私数据。

随着我国法制体系的不断完善,用户个人信息保护方面的法律法规逐渐得到加强与细化,监管部门也在不断加强执法力度。但整体来说仍然存在问题,例如:互联网行业自律缺失,专门的网络监管机构监管不足,第三方监管机制与法律依据不够完善；相关网络监管机构分散在不同的行政系统中，利用网络资源处理网络不法行为时存在系统不兼容或数据不对接的情况；网络安全技术人才缺乏。

个人隐私数据泄露是社会中持续存在的一个问题，数据泄露会使公众遭遇网络诈骗而造成经济损失甚至人身伤亡，会使企业遭遇重要商业机密数据泄露而造成重大经济损失甚至品牌信誉损失，会使社会稳定与国家安全受到严重威胁。防止数据泄露，保护个人隐私数据安全刻不容缓。如何保护个人隐私数据，防止被不法分子窃取，如何建立全方位的个人隐私数据保护机制，防止个人安全、社会安全及国家安全受到威胁，是当前在网络安全强国视域下亟待解决的问题。

7.4 "三位一体"的个人隐私数据保护对策与建议

7.4.1 个人层面隐私数据保护机制

（1）加强网络安全教育，提升网络安全意识

基层政府或组织要定期向公众进行网络安全教育，组织公众观看网络安全教育宣传片，发放网络安全教育宣传册或调查问卷，及时解决公众遇到的网络安全疑惑与问题，组织开展网络安全教育宣讲会，组织防诈骗、防信息泄露的情景演练，等等。通过多措并举加强公众的网络安全教育，提高公众的网络安全保护意识，增强公众的网络安全防护能力，实现个人隐私数据的安全保护。

（2）规范网络操作行为，提高自我保护能力

个人用户在使用网络的过程中，应该避免打开陌生的链接或电子邮件、点击查看低价或免费广告、参加未经核实的投票或砍价活动、随意连接公共场所的免费 Wi-Fi、扫描陌生人的二维码、随意浏览具有风险因素的网站、通过非正规途径下载 App 等行为，因为这些可能是不法分子为获取个人信息而设置的陷阱。

另外，个人用户在发布自己信息时也要考虑安全问题，不随便向他人透露

个人信息,不随便注册网站或应用程序,不随便在社交软件中泄露自己与家人的照片、位置、姓名及证件号码等敏感信息;在生活中,要学会识别各种诈骗手段,接到陌生电话、短信或添加好友信息,做到不主动回复,避免上当受骗。如果个人信息遭到非法泄露,即使没有造成财产损失或其他安全问题,也要主动报案维权。

（3）科普网络安全知识,营造网络安全氛围

自 2014 年起连续 10 年举办的国家网络安全宣传周,主要目的是通过全民参与网络安全宣传,提升全民网络安全意识与防范技能。各学校、企事业单位及社区应该以此为契机,积极向师生、职工及居民科学普及网络安全知识,建设网络安全科普教育基地或体验馆,通过模拟、互动、游戏、展厅等沉浸式体验让公众感受网络安全知识与技术,营造全社会共筑网络安全防线的浓厚氛围。

7.4.2　企业层面个人隐私数据保护机制

（1）数据加密技术

数据加密技术是指个人用户信息经过加密计算转换为不可直接识别的密文。非法用户即使窃取了加密后的密文数据,也无法识别出原始个人用户信息,从而提高数据的安全性与保密性。密文通过解密计算转换为原始个人用户信息。密钥是加密与解密中非常重要的参数,只有拥有正确密钥的用户,才能对加密后的密文进行解密,获取原始的个人用户信息。

（2）云存储安全保护机制

云存储是指通过网格计算、集群文件系统、分级存储等现有技术,将网络中大量的存储设备通过硬件或软件的方式集合在一起,并对外提供标准的存储接口,以供个人或企业调用并存储数据的存储方式。

实现对云存储平台系统的安全保障主要是利用加密技术与安全加固防护技术。其中各存储节点的加密以及用户身份的超强识别主要通过加密技术实现。对服务器、虚拟终端、终端机、计算节点以及各存储节点的安全防护主要通过对操作系统实行主动防御的底层内核安全加固技术以及对主机的虚拟存储

技术实现。

　　企业应建立适合自身建设的各种安全的云存储平台,为用户提供云存储安全保护机制。

　　(3) 访问控制安全策略

　　当数据安全存储后,可采用访问权限控制策略确保只有授权用户才能访问存储数据。在当前大多数数据存储策略中,应用较广的是基于角色的访问控制。首先根据安全存储需求,将操作权限按照不同操作需求进行组合分类,然后设定具有不同操作权限组合分类的不同角色,将操作权限与角色进行关联。对于很多个人用户,可以根据其操作需求,不直接分配操作权限,而是让其与角色进行关联,从而通过用户→角色→操作权限实现为不同用户设置不同角色来进行访问权限控制。此种策略的优点是实现了用户与操作权限的分离,当用户发生变更时,不需要重新设置新用户的操作权限,而只需将新用户与相应角色进行关联即可实现操作权限分配。

　　在大数据场景下,可通过大数据算法与分析根据"用户—对象"授权情况自动实现角色的提取与优化,通过用户的行为记录分析自动为其生成相关角色,然后将用户与此角色进行关联,根据相应角色自动高效地为不同用户提供个性化数据服务。如果在用户行为记录中,通过数据分析发现用户偏离了正常的日常行为,说明可能存在隐藏的潜在危险,可向用户与服务端发送提前设置的预警信息进行警告。

　　另外,可以将访问权限控制与密码技术相结合。对存储数据利用非对称密码体制进行加密,只有拥有相应解密密钥的合法用户才能对存储的数据进行下载并解密,并利用密文访问结构实现访问权限控制。数据拥有者首先对存储数据用公钥进行加密并设置密文访问结构,然后在共享数据时对授权用户发放相应私钥。当授权用户想获取加密数据并解密时,必须将自己获取的私钥与密文访问结构进行比对,只有当其私钥满足密文访问结构时,用户才可以获得解密密钥,进而获取加密数据并对加密数据进行解密。通过访问权限控制与密码技术的结合,实现了在不可信领域中数据的保密以及用户隐私数据的安全保护。

（4）数据脱敏技术

数据脱敏技术主要是通过替换、过滤、加密、遮蔽或删除等技术对数据中的敏感信息进行处理。在用户数据中,很多数据具有敏感性,如身份证号码、手机号码、家庭详细地址、疾病数据等,这些数据的泄露与传播,很容易给用户带来安全隐患。因此对于敏感信息数据需要进行脱敏处理。在数据脱敏技术中,常用的有匿名化处理与失真处理。

① 匿名化处理。

匿名化处理主要是通过用公用值替换具体值来隐藏敏感属性、分组并重排分离用户身份与敏感信息的关系,或通过交换合成改变敏感数据来隐藏用户身份。通过对个人数据的匿名化处理,数据在共享或发布后,数据接收者无法通过数据分析技术推断个人数据的关联信息,既可以保证数据的可用性,又可以保证敏感数据不会定位到个人,从而实现个人隐私数据的保护。最简单的实现方法就是用一些符号(如 *)代替敏感数据中的部分字符,实现用户隐私数据保护。

② 失真处理。

失真处理就是通过一定的技术让数据失真,使其与原来的数据具有一定的差异性,不能直接或间接获取敏感数据,实现隐私数据保护。常用的数据失真处理方法是添加噪声技术,通过对数据添加噪声达到数据失真的目的。对某条信息添加噪声使其失真后,攻击者即使知道除这条信息之外所有的敏感信息,也不能推断出这条信息中的任何敏感元素。差分隐私技术就是常用的添加噪声技术之一。应用此种技术,在数据集中添加或删除一条信息不会对输出结果产生影响,添加少量的噪声就可实现很好的数据隐私保护。

（5）企业与用户签订个人隐私保密协议

企业应与用户签订个人隐私保护协议,严格遵循各项法律法规中关于个人信息的保护条款。用户必须在法律法规允许的范围内使用网络服务,自觉维护企业的声誉,自觉遵守使用网络服务的所有网络协议与规定。企业必须重视与尊重用户个人隐私,只有在用户主动同意且企业确有所需的情况下,才可以向第三方公开用户个人资料中的相关内容。企业必须遵守行业通用的标准,从而保护用户的私人信息。企业有权修改服务条例,但必须公示修改内容。只有在用户同意新修改内容的情况下,才可以继续使用协议约定的服务。当协议一方发生违反协议的行为,另一方可以依法提起诉讼,请求司法机关介入。

（6）建立政府主导的企业第三方监管机构

政府要建立关于数据保护的互联网企业行政监管机构,履行维护问责机制,完善取证制度、证据鉴定制度与民事赔偿制度,严格执行责任追究制度,对隐私侵权行为进行行政执法。对发生数据泄露的企业,严格追究其法律责任。监管部门需要监督审查各网站制定的服务规章制度,特别是对于如用户拒绝提供个人隐私数据就不向其提供服务的不平等条约要严格审查,杜绝用户被动同意各项合约的情况,确保公民对个人信息的控制权。

政府相关部门要进一步加大与完善对个人信息的监管,督促信息收集部门建立科学的数据管理制度,定期检查存储个人信息的软硬件,确保个人信息的安全防护。

7.4.3 国家层面个人隐私数据保护机制

（1）细化立法规定,增强法律法规的可操作性

在细节性与可操作性方面,应该继续完善行业或企业范围的个人隐私数据保护条例,并与相关法律法规结合,在信息的可用性基础上实现个人隐私数据的全面保护。制定相应的政策法规细则及监管措施,明确数据收集、提供方的法律责任,导致数据泄露并造成严重影响的机构要作为刑事责任主体承担刑事责任,同时建立数据泄露与滥用的举报监督方式,使受侵害的个人有自救途径。

（2）强化行业协会监管,促进行业自律

只有在互联网行业协会的监管、互联网从业者的自我约束及其行为规范的共同努力下,整个互联网行业才能健康发展。因此,应该赋予行业协会实际的管理权,采取奖罚并进的原则:当从业者遵守行业协会规定并为互联网行业文明健康发展做出努力与贡献时,要积极表彰;当从业者违反行业协会规定时,行业协会拥有处罚权,严重者可以取消其从业资格。

通过建设从业者信用体系数据库,实现对从业者的统一信息管理,建立行业自律"白名单"与"黑名单"制度,对于自律的"白名单"企业进行政策优惠与倾斜的奖励,对于不自律的"黑名单"企业进行失信惩罚与警告,实现黑白名单信息的共享机制,对行业失信"黑名单"实行披露、禁入与退出制度。

行业协会通过对互联网从业者的管理,可以积极引导互联网企业在收集、处理及发布个人信息过程中对个人隐私数据的保护,并组织互联网企业制定统一以及适合个体企业的隐私保护政策及协议,个人隐私保护政策的制定要以保护个人隐私为目的,考虑个人对信息收集、处理目的、处理方式等的知情权、选择权及控制权,并要完善投诉举证渠道与机制。

(3)完善行政执法体系,建立"立法 – 执法 – 司法"法律体系

实现个人隐私数据的保护,需要加大执法力度,充分发挥法律权威,完善行政执法体系。大数据时代个人隐私数据的保护必须在立法完善、执法规范的前提下,结合先进的网络安全技术手段来维护网络环境的稳定,借助网络监管工具有效预防不法行为对网民合法权益的潜在侵犯。例如,国家反诈中心App 的宣传与应用,短信及电话的骚扰拦截等工具的使用,在很大程度上保护了用户的权益。

政府应从法律层面明确数据保护的基本原则,明确网络用户信息保护的基本准则,推行用户信息搜集与处理的行政登记、审批、管理制度,健全行政监管、监督问责、司法执行机制,规范行政决策、行政审批、行政处罚、行政强制、行政复议、行政调解等行政行为,建立"立法-执法-司法"法律体系,将个人隐私数据保护落到实处。

7.5 结 论

当前,大数据的应用与分析为人们的生活、娱乐与学习带来便捷的同时,也带来了个人隐私数据泄露的风险。本章通过探讨个人隐私数据在个人、企业及国家层面临的数据泄露威胁,提出了网络安全强国视域下基于个人、企业、国家共建的"三位一体"的个人隐私数据保护机制。重点研究如何保护个人隐私数据,从个人隐私保护的宣传、个人层面隐私数据的保护,到企业建立安全的云存储平台及第三方机构进行监管,最终建立一套国家层面的信用体系数据库。建设国家信用体系数据库,实现第三方机构对企业的监管是难点问题。同时指出,个人隐私数据保护的实施必须在国家、企业与个人的共同努力下,各方同担其责,才能取得良好的效果。

参 考 文 献

[1] 冯斌,冯玲,张国锋,等. 网络强国视域下"三位一体"个人隐私数据保护
    机制研究[J]. 泰山学院学报,2022,44(02):79-86.

[2] 杨媛媛. 智媒时代网络音频的场景化传播研究[D]. 郑州:郑州大学,
    2022.

[3] 刘冬梅,王文静,杨子帆,等. 互联网+时代众包交通大数据应用机制研究
    [J]. 公路交通科技,2018,35(07):120-127.

[4] 桑莉莉. 网络消费者个人信息的法律保护对策[J]. 法制博览,2023(29):
    46-48.

[5] 刘雅辉,张铁赢,靳小龙,等. 大数据时代的个人隐私保护[J]. 计算机研
    究与发展,2015,52(01):229-247.

[6] 禹会会. 大数据时代的个人信息保护[J]. 法制与社会,2020(30):15-16.

[7] 何明鑫. 我国个人信息保护法域外效力[J]. 法制与经济,2021,30(06):
    77-81.

[8] 龙卫球. 《个人信息保护法》的基本法定位与保护功能:基于新法体系形
    成及其展开的分析[J]. 现代法学,2021,43(05):84-104.

[9] 王春晖. 《个人信息保护法》的十大核心要点解析[J]. 中国电信业,
    2022(01):54-60.

[10] 邱若蓉,余雨植. "典"亮法治宣传　良法力促善治[N]. 惠州日报,
    2023-06-20(5).

[11] 齐爱民. 论个人信息的法律保护[J]. 苏州大学学报,2005(02):30-35.

[12] 高原. 政府信息公开中个人信息保护研究[D]. 武汉:湖北大学,2013.

[13] 唐高阳. 数据加密技术在计算机网络安全中的实践探析[J]. 软件,

2023,44(11):85-87.

[14] 李辉,卢光云.大数据时代高校智慧党建云平台关键技术探析[J].信息与电脑(理论版),2023,35(16):174-177.

[15] 任雪斌,杨新宇,杨树森,等.大数据处理与分析中的隐私保护研究综述[J].西北大学学报(自然科学版),2019,49(01):1-11.

[16] 杨露.大数据平台上的隐私保护及合规关键技术研究[D].成都:四川大学,2022.

[17] 马静.大数据匿名化隐私保护技术综述[J].无线互联科技,2019,16(02):137-143,146.

[18] 冯珮柔.云计算中基于差分隐私的密文范围查询技术研究[D].西安:西安电子科技大学,2022.

[19] 陈伟东,张驰.基于光通信技术的物联网数据加密技术分析[J].光源与照明,2023(11):78-80.

[20] 包森成,计晨晓.基于零信任的动态访问控制技术研究[J].移动通信,2024,48(01):132-136.

[21] 杨红,乜蓉峰,董静芳.信息共享空间的访问控制模型研究[J].农业图书情报学刊,2011,23(03):23-25,42.

[22] 陆康,刘慧,任贝贝.大数据时代我国图书馆隐私管理研究[J].图书馆建设,2022(03):70-77.

[23] 朱薇珍.论大数据时代个人的隐私保护[J].国际公关,2022(10):179-181.

[24] 何雅雯.大数据背景下公民隐私权保护问题研究[D].乌鲁木齐:新疆师范大学,2023.

[25] 李凤华,王巍,马建峰,等.协作信息系统的访问控制模型及其应用[J].通信学报,2008(09):116-123.

[26] 余建国,冯梅琳,伍建军.模具ERP系统基于树型角色的访问控制策略研究[J].网络安全技术与应用,2006(10):69-70,75.

[27] 孟梵.共享经济研究[J].学理论,2019(07):96-98.

[28] 魏涵贵.基于差分隐私的图像数据发布研究[D].南宁:广西民族大学,2022.

[29] 宋敏. 比较视野下中国梦之逻辑进路与构建途径探讨[J]. 云南行政学院学报, 2014, 16(06): 75-78.

[30] 张洋. 数据跨境流通法律问题研究[D]. 大连: 大连海洋大学, 2024.

[31] 张继红. 个人数据跨境传输限制及其解决方案[J]. 东方法学, 2018(06): 37-48.

[32] 田思路. 智能化劳动管理与劳动者隐私权的法律保护[J]. 湖湘论坛, 2019, 32(02): 2, 16-27.

[33] 高一乘, 杨东. 应对元宇宙挑战: 数据安全综合治理三维结构范式[J]. 行政管理改革, 2022(03): 2, 16-27.

[34] 曾丽洁. 欧盟《通用数据保护条例》框架下智能传播平台数据合规风险防控[J]. 武汉交通职业学院学报, 2020, 22(03): 1-11, 37.

[35] 金元浦. 论大数据时代个人隐私数据的泄露与保护[J]. 同济大学学报（社会科学版）, 2020, 31(03): 18-29.